KB079231

권기봉의
도시산책

권기봉의
도시산책

서울의 일상.그리고.역사를 걷다

권기봉 지음

산책을 시작하며_

"명동이나 남대문시장 말고 가장 가볼 만한 곳이 어디야? 북촌이랑 가로수길도 빼고."

최소한 한 번쯤 서울에 와봤던 외국인 친구들이라면 이런 질문을 하곤 한다. 명동이나 북촌 같은 곳이 한 번 이상 가볼 만한 데는 아니라는 생각 탓일 게다.

고민이 복잡해질 때는 한국 친구들이 그런 질문을 던질 때다. 마음속에 이미 '서울에 뭐 볼 게 있겠어?' 하는 생각을 품고 있는 경우라면 당혹감은 배가된다. 서울에서 가볼 만한 곳이 이런 '소비의 공간'이나 '의도된 관광지'밖에는 없는 걸까?

굳이 5세기 말까지 존재했던 한성백제는 말할 것도 없이 서울은 아주 오랜 기간 수도로서 기능해온 도시다. 그만큼 곳곳에 크고 작은 역사사건의 현장들이 산재해 있으며, 예술적 향취가 그윽한 공간이 숨어 있고, 다른 누구보다 특별한 삶을 살다간 이들의 지취가 남아 있다. 그중에서도 조선 말기에서 일제강점기를 거쳐 근현대에 이르는 동안의 흔적들은 이 100여 년의 시대를 다른 어느 시대보다 더욱 오롯하게 증언해주고 있다.

더욱이 이런 장소들은 그저 어제의 공간으로서만 존재하지 않는다. 그 속에는 지금의 우리가 있게 된 배경을 설명해주거나, 좋든 싫든 이 시대의 현실을 적나라하게 보여주거나, 또 앞으로 한국 사회가 어떠해야 하는지에 대한 질문을 던지는 곳들이 적지 않다. 시선을 과거에 고정한 채 단편적인 정보만 나열하고 있는 박제된 공간이 아니다.

과연 이 도시, 특히 서울의 골목골목에는 어떤 이야기들이 숨어 있을까. 이 책은 지난 1998년 대학 입학과 동시에 '또 하나의 고향'인 서울로 올라와 15년 이상 두 발로 걸으며 기록하고 고민해온 일기장과도 같다. 차를 구입하지 않고 대중교통을 이용했기에 이웃의 삶을 '좀더 가까운 거리'에서 대면할 수 있었다. 아니, 그마저도 대중교통을 이용하기보다 직접 걸어 다니는 편을 택하면서 '느긋한 속도'로 서울을 들여다볼 수 있었다. 그렇게 하루 평균 8킬로미터를 걸으며 찍은 몇몇 사진을 제외한 이 책 대부분의 사진들은 우리 시대 서울의 지극히 평범하지만 쉽게 흘려보낼 수 없는 기록의 일부로서 이번 작업의 더없이 훌륭한 자양분이 되어주었다.

이 책이 정답을 주지는 못할지도 모른다. 그럼에도 도시를 걷는, 그리고 서울의 과거와 현재를 살펴보고 미래를 가늠하는 산책에 작지만 충실한 지침서가 되어줄 수 있지 않을까 감히 생각한다. 나아가 독자 여러분이 '소비의 공간' 또는 '의도된 관광지'를 넘어서는 서울의 진면목을 파악해내고 그 일상 속에 숨어 있는 역사적·사회적·문화적 맥락을 짚어내는 데 조금이나마 도움이 되지 않을까 기대해본다.

마지막으로 언제나 깊은 울림이 있는 책을 펴내려 노력하는 알마출판사 식구들과, 문화유산 보존과 그 활용을 위한 노력을 멈추지 않으며 늘 나의 지적 호기심을 자극하는 국외소재문화재재단의 강임산 팀장, 비가 오나 눈이 오나 함께 도시 산책에 나서고 있는 인생의 동반자 정유정에게 감사의 마음을 전한다. 그리고 길 위에서 마주친, 이 책의 내용을 더욱 풍성하게 해준 이름 모를 수많은 시민들에게도.

2015년 봄
다시 길 위에서
권기봉

:: 차례 ::

2장 사라져가는 것들과 다가오는 것들

3장 그날의 현장을 찾아서

4장 함께 사는 서울을 꿈꾸며

5장 변화의 기로 위에서

1장

예술과 권력
그리고 서울

'부도'의 정체

경복궁

경복궁을 찾는 사람이라면 으레 정문인 광화문으로 들어간 뒤 홍례문과 근정문을 지나 곧장 근정전으로 향하기 십상이다. 입구에서 나눠주는 안내서에 경복궁의 핵심이 광화문과 근정전, 경회루인 양 설명돼 있고, 서울시에서 펴낸 답사 안내 지도도 크게 다를 바 없기 때문이다. 하지만 경복궁의 '오늘'이 있게 된 역사를 알기 위해서는 발걸음을 잠시 구석으로 옮길 필요가 있다. 광화문을 통해 경복궁에 들어서면 정면으로 홍례문이 나오는데, 그 서쪽 용성문 바깥 잔디밭에 외로이 서 있는 부도浮屠가 목적지다.

석가의 진신사리를 모신 것이 '탑'이라면 승려의 사리나 유골을 봉안한 것은 '부도'라 부른다. 경복궁 서쪽에 있는 이 부도의 이름은 '법천사 지광국사 현묘탑'. 강원도 원주 법천사 터에 있던 지광국사의 부도라는 뜻이다.

부도의 몸체에는 마치 페르시아에서 온 것이라도 되는 양 멋들어진 커튼 문양이 새겨져 있다. 주목할 것은 그것만이 아니다. 이 부도는 일제강점기였던 1912년에 일본 오사카로 반출됐

'전(傳) 홍법사 염거화상탑'(왼쪽)과 '홍법사 진공대사탑'(오른쪽).

다가 3년 뒤 되돌아온 것이다.

　게다가 애당초 이곳에 놓이게 된 사연이 기구하다. 일제가 자
신들의 통치로 인한 발전상을 선전한다는 명목으로 식민 지배
5년째 되던 1915년에 경복궁 내에서 '시정始政 5년 기념 조선물
산공진회'라는 이름의 일종의 엑스포를 연 적이 있다. 그때 전
시장 장식물로 쓰려고 법천사 터에서 가져다 세운 것이 바로 이
부도였다. 지금이야 경복궁에 있는 불교 유물이 법천사 지광국
사 현묘탑 한 기뿐이지만, 불과 몇 년 전까지만 해도 '전傳 홍법
사 염거화상탑' '홍법사 진공대사탑 및 석관' '봉림사 진경대사
보월능공탑' '거돈사 원공국사 현묘탑' 등 적잖은 불교 유물들

'봉림사 진경대사 보월능공탑'(왼쪽)과 '거돈사 원공국사 현묘탑'(오른쪽).

이 경복궁 경내에 '전시되어' 있었다. 법천사 지광국사 현묘탑처럼 장식물로 옮겨 왔던 것들이다.

경복궁에 있던 대부분의 부도는 현재 용산에 국립중앙박물관을 지으면서 옮겨 갔다. 그러나 법천사 지광국사 현묘탑만은 지금도 외롭게 남아 있다. 한국전쟁 때 산산조각이 난 것을 접착제로 다시 붙여놓은 것이어서 행여 옮기다가 훼손될까 이러지도 저러지도 못하는 것이다.

유교국가였던 조선, 그중에서도 왕권의 중심이라고 할 수 있는 경복궁 안뜰에 엉뚱하게 자리하고 있는 불교 유물…. 제자리를 떠나온 문화재의 수난이 이만저만하지 않다.

권력과 미술

남대문세무서 터

을지로 2가 근처 남대문세무서 앞을 지날 때면 생각나는 행사가 하나 있다. 1922년 남대문세무서 자리에 있던 조선총독부 상품진열관에서 열린 제1회 '선전鮮展', 즉 조선미술전람회다.

선전은 조선총독부가 직접 개최한 미술전람회였다. 1918년 창립해 이듬해 3·1운동을 전후한 시기에 힘을 얻기 시작한 조선인 미술가들 주축의 '서화협회書畵協會'를 견제하기도 할 겸 조선총독부가 주도하는 미술 전시회를 기획한 것이다. 선전은 일본이 연합군에 패하기 직전인 1944년까지 장장 23년 동안 한 해도 거르지 않고 계속됐다.

전시회는 다분히 일본 중심적이었다. 심사위원부터가 일본인 일색이었는데, 그들은 출품작을 심사할 때 항일 냄새가 나는 것은 무조건 제외한 반면 목가적이며 평화로운 분위기의 것은 반겼다. 피폐한 조선의 현실을 고발하는 작품보다는 서정성 짙은 향토색이 묻어나거나 일본인의 이국 취미에 부합하는 작품을 주로 선정했다.

제1회 조선미술전람회 개막을 알리는 1922년 5월 17일자 〈매일신보〉.

특히 태평양전쟁이 벌어지면서부터는 군국주의를 옹호하는 작품을 낸 작가들에게 수상의 영예가 돌아갔다. 전장으로 향하는 건장한 남성이나, 그런 남편이나 아들을 위해 후방에서 맡은 바 책임을 다하는 여성을 강조하는 내용이 주를 이루었다. 그렇다 보니 식민지 현실을 날것 그대로 포착해내는 작가들보다는 일제의 식민지정책에 부합하는 내용을 다루는 작가들이 힘을 얻을 수밖에 없었다.

문제는 미술에 대한 그와 같은 왜곡된 인식이 해방 이후에도 계속되었다는 데 있다. 예술적 기교는 뛰어났을지언정 정작 식민지 조국의 현실을 도외시한 작가들이 해방 뒤 대한민국 미술계의 중심을 차지했다. 그런 상황이었기에 1949년 이래 '선전'에서 '국전國展'으로 이름만 바꿔 열어온 '대한민국미술전람회'에서 군사독재나 사회지도층의 부정부패와 같은 부정적인 시대상을 그리거나 사회참여적인 내용을 담아낸 작품은 입선조차 할 수 없었다.

물론 1982년 들어 정부가 아닌 민간이 주도하는 '대한민국미술대전'으로 바뀌기는 했다. 정치권력에 기생하는 미술이 아닌 진정 살아 있는 미술을 위해 노력한 결과였다. 그런데 그로부터 30여 년이 지난 지금 선전과 국전을 떠올리게 하는 듯한 '대통령상'을 다시금 부활시키려는 움직임이 일고 있다.

과연 미술은 권력 혹은 국가로부터 자유로울 수 없는 것일까? 표현의 자유가 점점 퇴색해가는 요즘, 미술과 권력의 관계가 파국적으로 비틀어지기 시작한 제1회 선전의 현장인 남대문세무서 앞에는 그와 관련한 아무런 표시도 없다.

친일미술가가 만든 조각상

국립4·19민주묘지

4·19 이후 반세기가 넘는 시간
이 흘렀다. 그 기나긴 세월에 비례해 4·19를 역사 속의 한 사건
이라 치부하고 넘어가는 경향도 없지 않다. 하지만 4·19는 쉽
게 잊어도 되는 사건이 아니다. 학생과 시민 대중이 하나가 돼
이승만 독재를 끝낸 민주혁명이자 구한말 동학혁명과 함께 이
땅의 민권운동에 중요한 족적을 남긴 대사건이었기 때문이다.

당시의 흔적은 옛 국회의사당(현 서울시의회청사) 앞에 있는
‘4·19시발지’ 표석을 포함해 곳곳에서 확인할 수 있다. 그중 가
장 대표적인 것이 당시 희생된 이들을 기리기 위해 조성한 강북
구 수유동의 ‘국립4·19민주묘지’일 것이다.

그런데 직접 묘지를 찾아가 거닐다 보면 의아한 점을 발견하
게 된다. 묘지 한복판에 서 있는 기념탑을 디자인한 이가 미술계
의 대표적인 친일부역 혐의자로 꼽히는 김경승이기 때문이다.

‘전쟁을 위해 식량 증산에 힘쓰자’라는 일제의 산미증식계획
을 비롯해 조선인의 전쟁 협력을 다룬 작품들을 적극적으로 만
들어냈던 김경승. 그의 작품은 비단 국립4·19민주묘지 기념탑

국립4·19민주묘지에 있는 김경승의 '사월 학생 혁명 기념탑'.

만이 아니다. 서울 남산에 있는 백범 김구 동상과 종로 탑골공원의 월남 이상재 동상, 신사동 도산공원의 안창호 동상과 같은 민족해방운동가들의 동상도 모두 김경승의 작품이고 전북 정읍의 황토현 전적기념관에 세워진 전봉준 동상도 그의 손을 거쳤다. 적극적인 친일반민족행위자가 외세에 저항했던 인물들의 동상 제작사업에까지 앞장섰던 것이다.

일제강점기에는 물론 해방 뒤에도 작품 활동을 이어간 것이 그의 뛰어난 예술적 재능 때문이었을까? 김성수나 김활란 같은 해방 뒤 사학재단을 통해 기득권을 유지해간 친일반민족행위자들의 동상을 제작한 것도, 독재정권이 몰락한 뒤에는 그 독재정권을 쓰러뜨린 이들을 기념하는 기념탑을 제작한 것도 김경승이었다는 데에 힌트가 있다. 그는 시대적 아픔을 함께하는 예술가라기보다는 힘과 돈을 좇는 이기적 기능인에 가까웠다.

사실 김경승처럼 친일반민족행위에 열심이었던 이가 해방 뒤 사과는커녕 일언반구의 해명도 없이 한국 예술계의 원로를 자처할 수 있었던 것은 한국 현대사의 본질 가운데 하나를 드러내는 일이기도 하다. 실제로 해방 뒤 미군정 때 대부분의 친일반민족행위자들이 복권되었으며 이어 들어선 독재정권기에는 실질적인 힘을 되찾았다.

그런 면에서 국립4·19민주묘지를 돌아보며 알게 되는 것은 단순히 4·19혁명의 기억만이 아니다. 전진과 후퇴를 거듭해온 영욕의 한국 현대사가 국립4·19민주묘지에 녹아 있다.

정몽주 동상을 세운 이유

양화대교 북단

그곳에 동상이 있다고 하면 다들 의아해 한다. 차를 타고 지나치는 곳인 데다 나무가 우거져 있기 때문이다. 그곳은 다름 아닌 양화대교 북단과 합정역 사이에 있는 작은 교통섬이다. 안쪽을 유심히 살펴보면 제법 거대한 '포은 정몽주'의 동상이 서 있다.

정몽주는 고려 말의 정치가로 명나라 및 왜국과의 갈등을 지혜롭게 처리해낸 유능한 외교관이었다. 그러나 요즘 사람들이 기억하는 정몽주는 정치가나 외교관으로서의 정몽주가 아닐 것이다. 그가 사람들의 뇌리에 뚜렷한 각인을 남긴 것은 고려를 없애고 새로운 왕조를 열려는 이들과 대립하는 과정에서 벌어진 〈하여가〉와 '일편단심' 일화다.

이방원이 "이런들 어떠하며 저런들 어떠하리, 만수산 드렁칡이 얽혀진들 어떠하리, 우리도 이같이 얽혀서 백 년까지 누리리라"라고 운을 떼자 "이 몸이 죽고 죽어 일백 번 고쳐 죽어, 백골이 진토되어 넋이라도 있고 없고, 임 향한 일편단심이야 가실 줄이 있으랴"라고 응대하며 고려왕조에 충성을 다하려 했다는 정몽주. 지금으로부터 620여 년 전인 1392년, 결국 정몽주는 개성 선죽교에서 죽음을 맞는다. 이성계가 공양왕을 내치고 스스로 권좌에 올라 조선을 개창한 것은 그로부터 채 반년도 지나지 않아서였다.

정몽주가 살해당한 지 13년이 지난 1405년, 조선은 새 나라의 기틀을 다지고 사회를 수습하기 위해 이미 죽은 정몽주의 관직을 영의정으로 끌어올리고 '문충文忠'이라는 시호를 내렸다. 이후 그가 죽을 때 선죽교에 흘린 피가 영원히 지워지지 않는다는 이야기는 정몽주의 '충절'을 기리는 전설로 남아 사람들의 입에 오르내렸다.

'충절의 상징' 정몽주를 다시 불러낸 것은 1960년대 말 박정희 정권이었다. 아예 '애국선열 조상影像 건립위원회'라는 조직을 출범시켜 이순신과 김유신처럼 전란에서 나라를 구한 군인이나 김구와 안중근, 유관순과 같은 독립운동가의 동상을 만드는 사업을 대대적으로 펼쳐나갔다. 동상을 세운 위치도 세종로 한복판이나 서울광장, 숭례문 앞 등 스물네 시간 시민들의 주목을 끄는 곳이었다. 오로지 박정희 정권이 지닌 약점을 덮기 위한 방편이었다.

당시 박정희 정권은 세 가지 치명적인 아킬레스건을 가지고 있었다. 먼저 민주적 과정을 무시하고 군사쿠데타를 통해 집권

남산에 있는 김경승의 '백범 김구 동상'.

'포은 정몽주 동상' 건립 비문. 제작비는 현대그룹 고 정주영 회장이 헌납했다.

한 나머지 '절차적 정당성'에 큰 흠결이 있었고, 다음으로 대통령 스스로가 만주군 장교 출신이며 정권 주요 인사 가운데 상당수도 친일부역 혐의에서 자유롭지 못해 '역사적인 정통성'과도 거리가 멀었다. 마지막으로 1965년 한일기본조약을 체결하면서 일본으로부터 식민지배에 대한 사과와 배상을 얻어내지 못했다는, 박 정권의 '일본에 대한 저자세'에 대한 비판이 고조되던 시점이었다.

이 세 가지 한계를 극복하고자 박 정권이 고안해낸 것이 '지금 이 시점에 왜 군인들이 정치를 해야 하는지'에 대한 당위성을 설파하는 동시에 '민족'을 강조하며 독립운동가를 기리는 현창사업이었고, 그 구체적인 방안의 하나로 떠오른 것이 영웅적인 군인과 독립운동가 들의 동상을 세우는 것이었다. 그렇게 1960년대 말에 들어서면서 세우기 시작한 동상들은 그 자체로 정치적 프로파간다를 위한 도구들이었다.

충절을 상징하는 정몽주 동상을 세웠음에도 정작 박정희 대통령은 술자리에서 부하가 쏜 총탄에 명을 달리했다. 그리고 앞서거니 뒤서거니 세종로 이순신 장군 동상을 제외한 대부분의 동상들이 교통 흐름에 방해가 된다는 이유로 한적한 교통섬이나 남산의 숲 속으로 치워졌다. 진정한 참회나 성찰이 없는 얄팍하기만 한 프로파간다의 끝은 허망했다.

'칼레의 시민'과 한국의 동상

플라토미술관

서울시청에서 숭례문 방향으로 걷다 보면 오른쪽에 '플라토PLATEAU'라는 미술관이 보인다. 로댕갤러리라는 이름으로 1999년 문을 열었다가 2011년 지금의 명칭으로 재개관한 곳이다.

이 미술관의 미덕 가운데 하나는 〈지옥의 문La Porte de l'Enfer〉과 같은 조각가 오귀스트 로댕의 대표 작품들을 상설 전시하고 있다는 점이다. 그중에서도 플라토를 찾을 때마다 내 시선을 끄는 작품은 〈칼레의 시민Les Bourgeois de Calais〉이다.

1871년 프러시아와의 전쟁에서 참패한 프랑스 제3공화국은 자신들의 역사에 나오는 인물들 가운데 영웅적인 이들의 동상을 세우는 데 열을 올렸다. 그런 현상은 비단 파리만이 아니라 작은 도시들에서도 마찬가지였다. 도버해협을 사이에 두고 영국과 마주보고 있는 항구도시 칼레 또한 1884년 그들의 역사를 드높인 여섯 명의 시민에 대한 조각 공모를 했는데, 당시 조각가로 선정된 인물이 로댕이었다.

그런데 로댕이 실물 제작에 앞서 만든 모형이 시의회와 시민들의 불만을 사고 만다. 당시로부터 약 500년 전 벌어진 백년전 쟁에서 영국에 저항했던 외스타슈 드 생 피에르와 장 데르, 자크 드 비상 등 '노블레스 오블리주'를 실천한 여섯 시민의 모습이 존경스러워 보이지 않았고, 그렇다고 영웅처럼 표현되지도 않았던 것이다.

우여곡절 끝에 로댕의 작품은 공모 11년 만인 1895년에야 빛을 보았는데, 영웅적인 인상의 기존 동상들과는 전혀 달랐다. 광장 한복판 바닥돌 위에 받침대도 없이 눈높이로 세워졌으며 타인에 대한 헌신과 죽음의 공포 사이에서 갈등하는 듯한 느낌이 풍겼다. 애국주의나 영웅주의를 철저히 배제한 모습이었다.

로댕은 영웅을 늘 확신에 찬 사람이 아니라 고뇌하고 번민하며 죽음을 두려워하는, 즉 인간 본연의 희로애락을 가진 사람으로 묘사해냈다. 그렇게 함으로써 여섯 시민의 인간적인, 그렇기에 더욱 영웅적인 면모를 부각시켰다. 자신만의 시각으로 '영웅'을 창조해낸 로댕의 저력을 확인할 수 있는 대목이다.

플라토에서 나와 세종로 쪽으로 발걸음을 옮기다 보면 한국인이라면 누구나 아는 이의 동상이 서 있다. 이순신 장군의 동상이다. 그런데 영웅적이면서도 엄숙한 모습만 두드러질 뿐 사람들이 이순신에 대해 갖고 있는 스테레오타입을 넘어선 작가의 재해석을 찾아보기는 힘들다. 2009년 들어선 세종대왕 동상

세종로 한복판의 '세종대왕 동상'.

도 오십보백보다. 높은 좌대 위에 올라 앉아 감히 범접할 수 없는 근엄함만 풍길 뿐 고뇌하는 인간의 진면목을 만나기란 요원해 보인다. 로댕과 그의 사회가 이미 19세기에 넘어선 '금기'를 아직도 한국 사회는 넘어서지 못하고 있다.

김수근의 명암

옛 공간건축 사옥

　　　　　　　　지하철 3호선 안국역에서 내려
창덕궁 쪽으로 걷다 보면 왼쪽으로 독특하게 생긴 건물 하나가
눈에 들어온다. 검은 벽돌로 마감한 외벽을 풍성한 담쟁이덩굴
이 타고 넘어가고 있는데, 푸른 빛을 내는 투명한 유리와 어울
려 독특한 분위기를 자아낸다. 한국전쟁 이후 황무지와 같았던
한국 현대건축계에서 산파와 같은 역할을 해온 공간종합건축
사사무소, 즉 '공간건축' 사옥이다.

　1960년 고 김수근 씨가 설립한 공간건축은 지난 50여 년 동
안 서울 잠실의 88서울올림픽주경기장을 비롯해 남산 자유센터
와 타워호텔, 세운상가, 법원종합청사 등 주요 건축물을 여럿 설
계했다. 김원이나 승효상 같은 현재 60대 이상 주요 건축가들의
절반가량을 배출해내기도 했다. 2011년에는 매출액 296억 원을
기록해 업계 6위권을 달릴 정도로 튼실한 건축사사무소였다.

　천년만년일 것 같던 이 공간건축의 생명력 역시 영원하지는
못했다. IMF 외환위기 이후 상황이 어려워지자 명동의 중앙우
체국청사나 용산구청사, 마포구청사, 그리고 경기도 고양 아람

'아라지오 뮤지엄 인 스페이스'로 바뀐 옛 공간건축 사옥.

누리 같은 공공건물 수주는 물론 해외 건축시장에도 눈을 돌리
는 등 자립을 위한 각고의 노력을 기울였다. 그러나 끝 모를 부
동산 경기 침체에 따른 미수금 누적과 경영부실이 맞물리면서,
결국 2013년 최종 부도 처리되어 '아라지오 뮤지엄 인 스페이
스'로 간판을 바꿔 달고 말았다. 2010년 튀니지의 '재스민 혁명'
이래 리비아와 알제리처럼 혁명의 기운이 드높았던 북아프리
카와 중동 시장에서 용역 대금을 회수하지 못했고, 정관계 인허
가 비리로 얼룩진 서울 양재동 파이시티 사업 설계비 100억여
원을 떼인 것이 결정타였다고 한다.

담쟁이덩굴로 뒤덮인 외벽의 모습.

김수근 스스로 '선물'이라 표현했던 공간건축 사옥은 그가 고민해온 '한국적 건축'의 집대성과도 같았다. 이를테면 모호한 경계 사이로 미로처럼 연결되어 있는 실내 구조는 오르내리는 사람을 언뜻 번거롭게 하는 듯하지만 끊임없이 유동하면서 지금은 사라져가는 전통 골목길의 포근함을 느끼게 해준다. 2014년 2월 공간건축 사옥이 등록문화재에 등재된 연유도 거기에 있다.

또 지하 1층에 있던 소극장은 김덕수패의 사물놀이를 탄생시킨 산실이며, 비디오아티스트 백남준을 비롯해 무용가 홍신

남영동 대공분실(현 경찰청 인권보호센터) 건물과 내부 조사실. 물고문 등을 가능케 한 치밀한 설계가 특징적이다.

자와 공옥진, 이매방 선생 들이 알려지는 계기가 된 현장이다. 1966년 11월 창간돼 현재 한국에서 가장 오래된 종합예술잡지 타이틀을 가지고 있는 〈공간SPACE〉을 창간한 이는 다름 아닌 김수근이었고, 그것을 잉태한 곳은 공간건축이었다.

그러나 간과해서는 안 될 것도 있다. 김수근이 한국 현대건축에 많은 영향을 남긴 건축가인 것은 부인하기 힘들지만, 동시에 '박종철 고문치사 사건'의 현장이자 폭력적인 독재정권의 상징과도 같은 '남영동 대공분실'을 설계한 인물이기도 하다는 점이다.

자신의 예술성과 기술력을 한껏 발휘해 공간건축 사옥과 구성과 형태 그리고 소재까지 꼭 닮은, 그러나 좁은 나선형 계단이나 폭 좁은 창문 등을 통해 피조사자들의 방향감각을 잃게 하고 극도의 공포감을 조장하는 건물을 설계해낸 김수근…. 건축계는 물론 사회적으로도 명성이 자자한 건축가였지만 그 이면에는 박정희와 전두환의 폭압적인 독재에 복무했던 어두운 과거의 그림자도 짙게 드리우고 있다.

한 건축가의 소신

세종문화회관

서울시민은 물론이거니와 대한민국 사람이라면 직접이든 대중매체에서든 최소한 한 번쯤 보았을 세종문화회관. 기념비적 건물을 지으라는 박정희 정권의 요구에 따라 1978년 완공된 공연·전시·회의 시설로, 수도 서울의 중심 도로라 할 수 있는 세종로 한복판에 있어 만만치 않은 입지를 자랑한다.

한옥에서 차용한 세종문화회관 구조는 여느 건물과 다른 느낌을 준다. 마치 한옥의 안채와 별채처럼 본관과 별관을 배치하고 둘을 이어주는 회랑을 조성했다. 줄지어 선 튼실한 돌기둥에 두꺼운 추녀, 완자문양을 가미한 벽장식은 고건축과 현대건축 간의 조화를 이뤄내려는 듯 다채롭다.

그런데 세종문화회관은 하마터면 지금보다 더 육중하고 위압적인 모습으로 들어설 뻔했다. 건립 당시 청와대가 최소한 5,000명이 들어가는 대회의실을 갖출 것과 기와지붕을 얹어달라고 요구해왔기 때문이다. 평양의 인민문화궁전이나 만수대예술극장 같은 거대한 '민족전통주의' 건축물들을 의식한 탓이다.

전통건축 요소를 가미해 디자인한 세종문화회관.

　유신정권의 서슬이 퍼렇던 시대, 권력의 주문을 뿌리치기 쉽지 않았을 테지만 세종문화회관은 끝내 그렇게 설계되지 않았다. 건축가가 "그것은 평양의 특징일 뿐 우리는 우리대로 만들어갈 문화가 있다"라며 거절해 지금 우리가 보는 선에서 일단락 되었다.

　건축가는 "건축은 시대의 상징이자 변이이다. 건축 기술이 발달해서 기와를 씌우지 않고도 우리 정서가 들어가는 전통을 살릴 수 있다. 건축가에게 맡겨달라"라고 했다. 전통 기와를 얹고 서까래를 올린다고 해서 전통을 계승하는 것이 아닐뿐더러,

자칫 규모에만 집중할 경우 덩치만 큰 관제 건축물의 수준을 넘어서지 못할 것이라고 판단했기 때문이다. 이 건축가는 바로 지난 2012년 향년 93세로 타계한 엄덕문이다.

한국 현대건축가 1세대에 속하는 엄덕문은 1962년 완공한 국내 첫 대단지 아파트인 서울 마포아파트와 경기도 과천 종합정부청사 설계자이기도 하다. 서울의 롯데호텔과 롯데백화점, 리틀엔젤스 예술학교도 그의 손을 거쳤다.

개인 주택도 그렇지만 대형 공공건축물을 지을 때도 건축주와 건축가가 갈등할 수 있다. 건축물의 세세한 부분만이 아니라 그것이 지니는 상징성과 의미, 그리고 정치적인 목적 등에서 견해 차이를 보일 수 있다. 그러나 최근 들어서고 있는 공공건축물들에서는 시대정신을 담기 위한 고민의 흔적을 별로 찾아보기 힘들다. 그저 흔하디흔한, 한창 유행인 유리-철골 구조의 색깔 없는 건축물들 일색이다.

두 번의 재해석

국립극장

남산을 오를 때면 종종 의아한 생각이 들곤 한다. 문화공연장을 왜 시민들이 쉽게 접근하기 힘든 산 중턱에 지었을까 하는 점이다. 남산 동쪽 자락에 들어서 있는 국립극장 이야기다.

원래 국립극장은 그곳에 있지 않았다. 서울시청 맞은편에 있는 지금의 서울시의회청사가 첫 둥지였다. 일제강점기에 '부민관府民館'이라는 이름으로 건설되어 문화공연을 비롯한 각종 행사가 열리는 곳이었는데, 1950년부터 국립극장으로 이용하기 시작했다.

하지만 개관 두 달 만에 한국전쟁이 터지면서 국립극장 지위를 '대구문화회관'에 물려줄 수밖에 없었다. 그리고 3년…. 전쟁은 멈췄지만 국립극장은 부민관으로 돌아갈 수 없었다. 부산에서 환도한 국회가 한발 앞서 부민관을 차지하면서 어쩔 수 없이 명동에 있던 '시공관市公館'에 입주해야 했다. 현재 명동 한복판에서 문화의 영감을 불어넣고 있는 명동예술극장이 그곳이다.

남산에 국립극장을 세우자는 계획이 본궤도에 오른 것은 박정희 정권 들어서다. 그는 자신의 만주군 장교 전력을 '물타기' 하기 위해 이른바 '민족'과 '전통문화'를 강조했다. 그 과정에서 나온 아이디어가 '민족문화센터'와 '국악사國樂士 양성소' 건립이었고, 그 자리로 낙점한 곳이 지금의 남산 국립극장 터였다.

설계를 맡은 이는 이희태라는 인물이었다. 서울 절두산성당과 혜화동성당을 비롯해 국립경주박물관과 국립공주박물관을 설계한 건축가로, 그가 디자인한 건물은 전통건축을 신선하게 재해석했다는 평가를 받는다.

국립극장도 마찬가지였다. 경복궁 경회루를 모티프로 삼아 설계했다고 전해지는데, 기둥 끝에 십자형 날개를 달아 자칫 무거워 보일 수 있는 기둥에 날렵한 상승감을 불어넣었다. 애초 외벽에는 화강석을 붙이려고 했지만 공사비가 부족해 쉽지 않았다. 대신 노출된 콘크리트 벽면을 일일이 정으로 쪼아 오돌토돌한 화강석 특유의 느낌이 나게 했다. 화강석 가격보다 인건비가 싼 시절이었기에 가능했던 일이다.

하지만 시간이 흐르면서 외관은 노후해갔고, 대형 공연을 하기에 내부 공간이 협소하다는 지적이 잇따랐다. 결국 완공 30년 만인 2003년, 리노베이션 사업이 시작됐다. 이때 설계를 맡은 것은 고 이희태 선생이 설립했던 설계사무소였다. 선학이 세우고 후학이 고쳐 짓게 된 셈인데, 선학인 이희태 선생이 경회루를 재해석해 국립극장을 지었다면 후학들은 그것을 다시 최신 건축 언어로 재해석해 한층 산뜻하면서 더욱 열린 공간으로 탈바꿈시키는 데 성공했다.

1973년 첫 완공 당시의 권위적인 모습을 일신했다는 것이 특히 눈에 띈다. 당시만 해도 군사정권의 위세가 만만치 않았을 때다. 그런 시대 상황은 기단과 계단을 유독 높게 설계하고 14개나 되는 기둥을 건물 정면에 5미터 간격으로 곧추 세워 힘을 주는 방식으로 구현됐는데, 기둥 사이의 수직벽을 투명한 유리로 교체함으로써 어느 정도 권위주의적 색채를 빼는 데 성공한 것이다. 소수의 VIP를 위한 귀빈석과 귀빈용 중앙홀을 없앤 것도 도드라진 변화다.

공연을 보러 간 관람객이 공연장 건물에까지 시선을 주기는 쉽지 않다. 그러나 국립극장 자체가 품고 있는 이야기도 멋진 공연에 버금가는 한국사의 한 단면이다. 비록 대사 한 마디 없지만 국립극장은 그만의 스토리를 소리 없이 펼쳐내고 있다.

여기 '문화 독립운동가'가 있다

간송미술관

일 년에 단 두 차례만 문을 여는 미술관이 있다. 매년 5월과 10월에만 잠깐 개방하는 성북동의 간송미술관이 그곳이다.

은둔의 미술관이라 해서 소장품의 질이 떨어지는 것은 아니다. 오히려 여타 미술관들의 수준을 간단히 뛰어넘는다. 진경산수화의 대가인 겸재 정선의 〈풍악내산총람 楓岳內山總覽〉과 단원 김홍도와 혜원 신윤복의 진경산수화와 풍속화 등 국보 12점과 보물 10점을 포함해 모두 5,000여 점에 달하는 작품을 소장하고 있다.

그런데 한 사람이 없었다면 이 귀중한 문화재들은 해외로 반출됐거나 한국전쟁 때 영영 산화되고 말았을지 모른다. 그 사람은 바로 간송 전형필이다.

간송은 '문화계의 독립운동가'라고 불리기도 한다. 그도 그럴 것이 1906년 10만 석지기 대부호의 아들로 태어난 간송은 "미술작품 때문에 가산을 탕진한다"는 말을 들을 정도로 생애 내내 사재를 털어 선조들의 예술작품을 수집하는 데 온 정성을 바

간송 전형필 흉상(왼쪽)과 간송미술관 현관(오른쪽).

쳤다.

그가 그토록 문화재 수집에 열을 올린 것은 당시 고서화와 골동품 상당수가 일본으로 반출되고 있는 것이 안타까웠기 때문이다. 실제로 일제강점기에는 전국에 산재한 수천여 기의 고분이 도굴돼 그 속에 잠들어 있던 문화재들이 약탈됐으며, 수량을 헤아릴 수 없는 고려청자와 백자, 회화 들이 일본으로 반출됐다.

그걸 보다 못한 간송은 당시 서울의 8칸짜리 기와집 20채를 살 수 있는 값에 〈청자상감운학문매병靑磁象嵌雲鶴文梅瓶〉을 구입했는가 하면 11채 가격에 《훈민정음 해례본訓民正音 解例本》을 가져오기도 했다. 값을 높게 쳐줘야 질 좋은 문화재를 팔려는 사람들이 찾아온다는 생각에서였다.

《훈민정음 해례본》은 대한민국 국보이자 유네스코 세계기록유산에 등재되기도 했지만, 1940년 경북 안동에서 이 책이 발견되기 전까지 그 누구도 한글의 창제 원리에 대해 모르고 있는 상태였다. 간송이 이 책을 구입하면서 비로소 한글을 만든 원리가 얼마나 과학적이었는지 밝혀낼 수 있었다.

간송의 문화재 사랑은 문화재들을 모으는 데서 끝나지 않았다. 1938년 간송미술관의 전신이라 할 수 있는 한국 최초의 사립미술관 '보화각葆華閣'을 세우고 본격적인 문화재 연구의 토대를 닦은 것이다.

잔혹한 식민 지배를 당한 이 땅에서 대가들의 작품과 문화재들은 결코 저절로 남겨진 것이 아니다. 언젠가 간송미술관 전시회에 간다면 미술작품만이 아니라 '문화 독립운동가' 간송 전형필의 존재를 떠올려야 하는 까닭이 여기에 있다.

'시민문화유산 제1호'의 탄생

최순우 옛집

재개발과 함께 사라지는 것은 낡은 콘크리트 건물만이 아니다. 잘 보존되어온 한옥도 재개발 바람에 맞서기에는 역부족이다. 그러나 때로 시민들이 힘을 모으면 뜻밖의 결과를 불러오기도 하는데, 성북동에 있는 '혜곡 최순우 옛집'이 그런 경우다.

2000년대 초 서울 시내에서 비교적 한옥이 많이 남아 있던 동네인 성북구 성북동 일대에 다세대주택 건립 바람이 불어닥쳤다. 집주인 입장에서는 한옥 한 채를 헐고 그 자리에 다세대주택을 지으면 평균 대여섯 세대를 전월세로 돌릴 수 있으니 마다할 이유가 없었다. 혜곡의 한옥도 그런 바람의 한복판에 위태롭게 서 있었다.

1916년 개성에서 태어난 혜곡은 한국 문화재에 대한 깊은 애정과 뛰어난 안목으로 그 아름다움을 찾고 보존하는 데 일생을 바쳤다. 초대 개성박물관장과 제4대 국립중앙박물관장을 지내는 등 평생을 박물관인으로 산 한국 박물관학의 개척자이자 한국의 미를 널리 알리는 데 공헌한 미술사학자다.

1976년부터 1984년 사망할 때까지 그가 거주했던 이 단아한 한옥은 '한국 미술은 자연 그대로일 때 가장 아름다우며 미술품에 잔재주를 부리면 한국 미술의 영역에서 벗어난다'는 그의 지론에 꼭 어울릴 법한 자연스러움을 자랑한다. 그런데 그마저도 재개발 열풍 앞에서는 힘없는 등불 신세가 된 것이었다. 그때 재단법인 한국내셔널트러스트가 나섰다.

내셔널트러스트는 1895년 영국에서 로버트 헌터와 옥타비아 힐 등이 만든 단체다. 사람들에게 덜 알려져 있을지라도 보전 가치가 큰 문화유산이나 자연유산을 사들여 보존하는 운동과 교육 사업을 펴나가는 것을 존재 이유로 삼고 있다. 비슷한 운동이 2000년 즈음 한국에서도 시작됐다. 한국내셔널트러스트가 개발업자에게 팔려 철거될지 모를 최순우 옛집을 매입해 일반에 공개한 것이다. 필요한 자금 약 10억 원은 시민과 기업의 기부를 통해 마련할 수 있었다.

한국내셔널트러스트는 전통 한옥이나 생활양식에 대한 강좌는 물론 전국의 전통마을 답사 프로그램도 진행해오고 있다. 단순히 한옥이라는 하드웨어에만 머물러 있지 않고 한국 문화를 오롯이 계승하고 발전시키기 위해 펼치는 운동과 안목, 그리고 그것을 현실화시켜나가는 추진력이 돋보인다.

비슷한 단체인 문화유산국민신탁도 울릉도에 있는 일제강점

혜곡 최순우 옛집.

"두문즉시심산杜門卽是深山", '문을 닫아 거니 곧 깊은 산속과 같다'는 뜻으로, 한적한 한옥에 머물며 한국미술 연구에 천착해온 혜곡의 정신이 엿보인다.

기 때의 가옥과 전남 벌교의 보성여관 등을 기증받거나 사들여 수리한 뒤 일반에 공개하는 사업을 벌여나가고 있다. 역사의 향기가 오롯이 남아 있는 건물들이 개발로 사라지는 것을 미연에 방지하고, 또 그러한 존재가 있다는 것을 알림으로써 시민들의 관심을 유도하는 것이다.

이제는 국가나 지자체에만 기댈 것이 아니라 시민과 기업의 자발적인 모금을 기반으로 한국의 역사와 문화유산을 지켜나가는 시대가 되었다. '시민문화유산 제1호' 최순우 옛집은 그 시작이다.

'한국 최초 서양화가'의 옛집이 열리다

고희동 가옥

창덕궁을 오른쪽에 끼고 원서동 안쪽으로 걷다 보면 이내 한 한옥에 닿는다. '한국 최초의 서양화가'로 꼽히는 춘곡 고희동의 거처다. 춘곡이 1918년 일본 유학을 마치고 돌아와 직접 설계해 지은 이후 40여 년 동안 살았던 집으로 알려져 있는데, 한식과 일본식 그리고 서양식 주거문화의 특징이 고루 녹아 있는 근대 문화유산이다.

그런데 얼마 전까지만 해도 시민들은 이 한옥 내부를 들여다볼 수 없었다. 1965년 춘곡이 세상을 뜬 뒤 소유주가 바뀌었고 2003년 들어서는 아예 헐릴 위기에 처했기 때문이다. 하지만 시민들의 노력으로 이듬해에 문화재로 등록된 데 이어 2008년에는 종로구청이 사들여 보수공사를 하면서 영영 사라질 뻔한 위기를 모면할 수 있었다. 2012년 말에는 일반 공개가 시작돼 이제는 누구나 춘곡의 자취를 직접 느낄 수 있게 되었다.

춘곡은 1909년 한국 최초의 미술 유학생으로 일본에서 서양화를 공부한 뒤 전통적인 동양화에 서양화 기법을 결합한 '수묵채색화'를 발전시킨 예술가로 평가받는다. 해방 뒤에는 대한미

술협회장과 전국문화단체총연합회장, 대한민국예술원장을 역임하기도 했다.

다만 1940년 조선남화연맹전람회에 그림을 출품해 벌어들인 판매수익금 전액을 일제에 헌납한 미술가라는 비판을 받기도 한다. 그런 배경 탓인지 해방 뒤인 1956년에 작품 활동 50주년을 기념하는 화첩을 제작하고 그 이듬해에 열었던 회고전, 그리고 2005년 타계 40주기를 맞아 개최한 특별전 말고는 변변한 전시회 한 번 열리지 않았다.

그런 면에서 고희동 옛집의 일반 공개와 함께 시작된 '춘곡 고희동과 친구들'이라는 특별 전시회는 돋보였다. 상설전시회는 지금도 이어져 춘곡이 그린 여러 서화들을 감상할 수 있으며, 재현해둔 춘곡의 화실에서는 이젤과 책상 같은 활동 당시의 작업 도구와 유품을 볼 수 있다.

육당 최남선이 말년을 보낸 우이동의 한옥을 자손들이 아버

옛집 내부에 재현한 춘곡의 화실.

지의 친일 행적 상처가 덧난다는 이유로 2003년 건설사에 팔아 철거해버린 것과는 대조적인 춘곡 고희동의 옛집 복원과 일반 공개…. 이는 종로구립미술관으로 거듭난 박노수 화백의 가옥 과 신도시 개발로 인한 철거 위협 속에 살아남은 장욱진 화백의 가옥, 그리고 시민들의 참여와 후원으로 지켜낸 조각가 권진규 의 아틀리에와 함께, 다사다난했던 한국 근현대사를 살아낸 예 술가들의 삶과 역사를 비판적으로 되짚어볼 수 있게 하는 값진 움직임이 아닐까 싶다.

062

063

문학인의 자취

김수영문학관

　　우리는 익숙한 곳일수록 관심 없이 지나치곤 한다. 하지만 잠시 멈춰 조금만 애정을 갖고 들여다보면 그동안 보지 못했던 것이 눈에 들어오기도 하고 미처 알지 못했던 새로운 사실을 발견하기도 한다. 내 경우엔 종로 6가의 어느 뒷골목을 걷다 만난 시인 김수영의 옛집이 그러했다.

　　그 골목은 평소 동대문에서 대학로 사이를 오갈 때 이용하던 골목길이었다. 그런데 2004년 3월 4일부터 이틀 동안 내린 때 아닌 폭설로 폭삭 주저앉은 기와집을 목격했다. 알고 보니 그 집은 시인 김수영이 거주했던, 그의 체취가 남아 있는 옛집이었다. 구속과 억압을 거부한 한국의 대표 저항시인 김수영 말이다.

　　안타까운 것은 사고 직후 집주인이 그나마 남아 있던 잔해마저 완전히 철거해버렸다는 점이다. 김수영이 살았던 집 세 곳 가운데 그나마 온전했던 유일한 공간이었기에 아쉬운 마음은 쉬이 사라지지 않았다.

　　그래도 이제는 씁쓸했던 마음을 조금은 삭일 수 있을 것 같다. 김수영의 옛집이 사라진 지 거의 10년이 다 되어가던 2013년 말

김수영문학관에 전시되어 있는 시인의 유품.

도봉구 방학동에 김수영문학관이 문을 열었기 때문이다. 비록 시인은 보신각이 있는 종로구 관철동에서 태어났고 이후 마포구 구수동에서 가장 오래 살기는 했지만, 도봉산과 그 근처에는 본가 터에다 그 아래 시인의 유골이 안장된 시비詩碑까지 있으니 문학관 장소로 그리 어색해 보이지는 않는다.

　직접 찾은 김수영문학관은 4층 규모로 1~2층에는 전시실이, 3층과 4층에는 도서관과 강당이 자리하고 있었다. 시인이 쓴 여러 시와 산문의 친필 원고, 번역할 때 쓰던 식탁과 의자 그리고 만년필과 앉은뱅이책상 등 상당수의 유품을 시인의 부인 김현경 씨로부터 기증받아 전시하고 있어 여느 문학관에 비해 생명력이 있어 보였다.

부암동에 있던 소설가 현진건의 고택과 원효로의 시인 박목월 옛집 등은 철거돼 사라져버린 지 오래다. 한국 문인들의 공간 가운데는 제대로 남아 있는 것이 거의 없고 유품 역시 적절하게 보존되지 못하고 있는 실정이다. 그런 면에서 김수영문학관은 그 존재만으로도 괄목할 만하다고 할 수 있지 않을까?

시인을 그리워하는 이들이 부담 없이 찾을 수 있는 문학관으로 거듭나기를, 그리고 또다른 예술가들의 공간도 하나둘 더 탄생하기를 기대해본다.

'이상의 집' 그 이면

상촌(서촌)

최근 '서촌'이라 불리는 동네가 인기다. 서촌은 종로구 누상동과 누하동, 통인동 등 경복궁 서쪽 지역을 가리키는데, 분위기 좋은 카페나 아기자기한 식당들이 좁은 골목을 비집고 여럿 들어서 있다.

그런데 알고 보면 서촌은 그 동네를 가리키는 이름이 아니었다. '북촌'이나 '남촌'과 같은 지명은 청계천을 기준 삼아 붙여졌다. 마찬가지로 서촌은 청계천의 서쪽 지역, 즉 서울역사박물관과 정동 언저리의 새문안길 일대를 가리켜왔다. 요즈음 서촌이라 불리는 지역의 명칭은 사실 오랜 기간 '상촌上村'이나 '우대' '웃대' 또는 '웃마을'이라 불렸다. 여기서 웃지 못할 일은 역사적 맥락과는 무관하게 서촌이라 불리고 있는 그 지역을 종로구청에서 '세종마을'이라 칭하기 시작했다는 점이다.

상촌 지역에는 조선시대 때 서인 중에서도 소론이, 그리고 일제강점기와 그 이후에는 예술가들이 많이 몰려 살았다. 겸재 정선과 추사 김정희, 필운 이항복 등이 조선시대에 이 지역에 근거했던 인물들이고, 화가 이중섭이나 이상범, 박노수, 시인 윤동주

시인 이상이 살았던 집터. 이 한옥은 이상이 실제로 살았던 큰아버지 집이 아니다.

등이 일제강점기 이래 이 지역에서 살았던 인물들이다.

거기에 한 명이 더 있었으니 바로 시인 이상이다. 2002년 김수근문화재단이 그가 살았다는 통인동 154-10번지(자하문로 7길 18)의 한옥을 매입하면서 세간에 알려지기 시작했다.

문제는 그 한옥이 실제로 이상이 살았던 집이 아니라는 데 있다. 최근 보수공사를 하면서 이상이 세 살 때부터 스물네 살 때까지 살았던 큰아버지 집이 아니라, 1933년 그가 떠나고 난 뒤 필지가 쪼개지면서 집장수들이 새로 지은 집의 일부라는 사실이 밝혀진 것이다. 등록문화재로 등재됐다가 2008년 문화재 목록에서 말소된 까닭도 거기에 있었다. 그러므로 현재 '이상의 집' 또는 '제비다방'이라 불리는 이곳은 그저 이상이 살았던 '집 터'라고 하는 게 적확한 표현일 것이다. 충분한 고증 없이 여론 을 좇아 등록 작업을 밀어붙이다 사달이 난 셈이다.

역사적 맥락과는 무관한 지명이 붙고, 또 충분한 고증 없이 문화재 등재가 결정되는 오늘의 한국…. 서촌 또는 세종마을 같 은 지명이나 이상 집터를 둘러싼 에피소드는 한국 사회의 가쁜 실상을 적나라하게 보여주는 또다른 지표들이다.

디자인 그 너머

남산 소월길

남산 자락의 소월길을 지나다 보면 재미있게 생긴 시내버스 정류장이 눈길을 잡아끈다. 2011년 말 서울시가 '아트 쉘터Art Shelter'라는 이름으로 기획한 사업의 결과로, 모두 5개의 버스정류장이 예쁘고 산뜻하게 바뀌었다. 특히 정류소 이름판은 143명의 시민이 참여해 28.6대 1의 경쟁률 끝에 선정된 손글씨 작품이어서 시민과 예술가 그리고 지자체가 함께한다는 메시지도 엿보인다.

먼저 남산도서관 앞 정류장인 최순용 작가의 〈회화적 몽타주〉의 경우에는 정류장 자체를 하얀색 캔버스의 느낌이 나도록 설치했다. 그러고는 버스를 타고 내리는 학생과 버스를 기다리는 아저씨와 아주머니 등 도서관을 오가는 사람들을 그 캔버스를 채우는 조형 요소로 설정했다. 시내버스 정류장이 있는 곳의 의미를 그 겉모습에 녹여낸 것이다.

후암 약수터 입구에 설치된 주동진 작가의 〈남산의 생태〉에는 서울에서 거의 사라졌다가 최근 그 약수터 근처에서 발견된 토종 개구리의 모습이 담겨 있다. 보성여자중고등학교 입구에는 조각가 김재영이 옛 다이얼식 텔레비전을 형상화한 작품 〈휴식〉이 정류장 역할을 하고 있다.

하지만 디자인 요소만 앞세운 나머지 정작 버스정류장 본연의 기능을 온전히 하지 못하고 있다는 비판도 없는 건 아니다. 하얏트호텔 앞에 있는 김현근과 일본 작가 스가타 고의 공동 작품 〈쉼표+또다른 여정〉이라는 이름의 정류장이 그런 경우다. 김소월의 시 〈가는 길〉에서 "그립다 말을 할까 하니 그리워, 그냥 갈까 그래도 다시 더 한 번"이라는 시구에서 나타나는 고민과 갈등을 표현했다고 하는데, 정작 비나 눈은 막아줄 수 없게끔 설계돼 있다.

물론 이런 시도는 기존의 서울시, 나아가 한국의 거리 공공디자인에서 한발짝 나아간 변화임에는 틀림없어 보인다. 하지만 디자인과 시민의 삶이 유기적으로 어울리고 기능적으로도 의미가 있도록 좀더 고민해봐야 하지 않을까?

서울시가 아름다운 도시로 거듭나기 위해 '서울 우수 공공디자인 인증제'를 도입해 시행에 나섰다. 단순히 디자인의 변화에 그치지 않고 그 거리를 걷는 이들이 진심으로 편안하게 이용할 수 있는 길로 탈바꿈하기를 기대해본다.

김현근과 스가타 고의 공동 작품 〈쉼표+또다른 여정〉(2011).

우미관과 김두한

종로 피맛길

종로를 거닐다 보면 도심 재개발로 사라져가는 피맛길을 만날 수 있다. 그나마 남아 있던 종로 북쪽의 피맛길마저 최근 사라져가고 있는데, 남쪽 피맛길은 진작 원래의 모습을 잃은 지 오래다. 하지만 종로 1가와 2가 사이의 남쪽 피맛길에 있던 '우미관'에 대한 기억은 우리 영화사에 아직도 선연하다.

우미관은 애초 1912년 12월 일본인 하야시다 긴지로가 '고등연예관'이라는 이름으로 지은 벽돌 건물로 1,000명 정도를 수용할 수 있는 2층짜리 극장이었다. 보통 무성영화들이 상영되었는데, 소리 없이 화면만 나오는 무성영화를 변사가 맛깔나게 '읽어주면서' 장안의 인기를 독차지했다고 한다. 1928년에는 최초의 유성영화가 상영되기도 했다. 그래서인지 당시 서울 유람을 다녀온 이가 우미관 구경을 하지 않았다고 하면 주변 사람들이 그 말을 믿지 않을 정도였다고 한다.

1920~1930년대를 지나며 단성사나 조선극장과 경쟁에서 밀린 우미관은 삼류 극장으로 몰락해가다 결국 1959년 불타버리

우미관 터에 들어선 상업용 빌딩(왼쪽)과 5·16군사쿠데타 이듬해인 1962년 삼일절을 맞아 박정희 당시 국가재건최고회의 의장과 함께 사진을 찍은 김두한(오른쪽).

고 말았다. 그 뒤 종각사거리 근처의 건물을 빌려 재개관하기는 했지만 한 번 시들기 시작한 명맥은 오래 가지 못했다.

이제 우미관은 남아 있지 않다. 우미관 터에는 주점과 노래방 등이 입주한 일반 상업용 빌딩이 들어서 있을 뿐이다. 다만 1930년대 이래 우미관을 터전으로 활동한 한 인물은 여전히 잊히지 않고 있으니 바로 협객 김두한이다.

드라마나 영화에서도 곧잘 다뤄진 김두한은 일본 깡패들로부터 조선 상인들을 보호해주는 정의의 협객이지 이른바 '삥'이나 뜯는 깡패로는 그려지지 않는다. 심지어 어떤 작품에서는 김두한을 '항일 협객'이라며 높게 사기도 한다.

　그러나 일제강점기에 일본인과 조선인 깡패집단은 서로 대립 관계에 있었다기보다는 서로의 영역을 침범하지 않는 선에서 공생하는 일종의 동지 관계에 있었던 게 사실이다. 또 김두한은 해방 뒤 좌익에 대한 각종 폭력을 자행하는 '백색 테러리스트'로 활동했다. 심지어 1946년 들어서는 미군정청도 합법성을 인정해 함부로 하지 못하던 총파업 현장에 뛰어들어 총과 죽창 등으로 파업을 무산시키는 데 앞장섰다.

　역사라는 건 기록하지 않고 또 생각하지 않으면 의미가 정반대로 바뀌어 기억되거나 아예 잊히기도 한다. 협객으로만 알려진 김두한의 경우도 크게 다르지 않다.

변사와 남녀유별석의 추억

단성사 터

종로 3가에 가면 한국 영화사에 한 획을 그었던 극장 '단성사'가 있다. 1907년 개관한 이래 국내에서 제작한 첫 영화 〈의리적구토義理的仇討〉(의리의 앙갚음 또는 복수라는 뜻)를 상영한 역사와 전통을 자랑하던 극장이다. 녹색 유리 외벽을 두르고 있는 지금의 건물은 2005년 멀티플렉스 형태로 새로 지은 것이다.

흥미로운 것은 당시 영화의 형식이 지금과 사뭇 달랐다는 점이다. 서로 추격에 추격을 거듭하던 자동차들이 결국 충돌해 자동차가 멈추는 장면에서 영화가 끝나면 자동차에 타고 있던 배우들이 화면 속에서와 똑같은 옷을 입고 나와 무대에서 실제로 격투를 벌이는 '키노드라마'였다. 연극이 영화라는 형식으로 변해가는 과도기의 풍경이었다.

키노드라마에 이어 무성영화가 나오면서부터는 '변사'의 존재가 두드러졌다. 소리 없는 영화였던 탓에 영사막 옆에서 영화를 '읽어주는' 사람이 누구냐에 따라 관객이 늘기도 줄기도 했다.

1934년의 단성사.

변사에 따라 영화의 맛도 달라졌기에 배우보다 변사가 누구인지 더 중요했던 것은 당연지사다. 광고전단에 배우보다 변사의 이름이 더 큼지막하게 실렸고, 배우 월급이 40~50원이었던데 반해 변사는 두 배에 가까운 70~80원을 받았다. "은막의 우상은 배우이고 극장의 스타는 변사"라는 말이 괜히 생겨난 것이 아니었다. 한마디로 1930년대 중반 유성영화의 막이 열리기 전까지는 가히 '변사의 시대'였다고 할 수 있다.

또 남녀가 내외하던 시절이었기에 남성은 1층에 앉고 여성은 2층에 앉는, 일명 '남녀 유별석'이 있었다는 것도 지금으로서는 상상하기가 쉽지 않다. "무대 위에서 질서 없는 행동과 입에 담지 못할 더러운 노래를 하니 그 더러운 노래를 듣고 여염집 부녀자는 놀라 퇴장을 하겠고 사나이도 얼굴을 붉히고 귀를 막겠다"는 등 극장을 풍기문란한 곳으로 여기는 시선 탓이었다.

1993년 영화 〈서편제〉를 무려 194일 동안 연속 상영하며 '개봉관 최장 상영기록'을 세웠을 뿐 아니라 103만 5000여 명의 관객을 동원하는 등 전성기를 구가했던 단성사…. 그러나 1990년대 말 2000년대 초 들어 멀티플렉스들이 생겨나면서부터 인기가 사그라들기 시작하더니 리모델링과 부도를 거듭한 끝에 2011년 문을 닫고 여지껏 방치되고 있다. 변사와 남녀 유별석이 사라져갔듯 단성사의 영화로움도 이제 과거의 기억이 되고 말았다.

무성영화를 만나다

한국영상자료원

한국영상자료원은 각종 미디어 관련 업체들이 입주해 있는 상암DMC 한복판에 자리하고 있다. 1974년 재단법인 한국필름보관소로 출발해 2002년 지금의 이름을 얻었는데, 국가 차원에서 영상자료를 수집하고 보관하는 일을 하고 있다.

2012년경 그곳을 찾았을 때 독특한 영화 한 편을 볼 수 있었다. 무성영화인 〈청춘의 십자로〉였다. 2008년 한국영상자료원이 기적적으로 발굴해낸 작품인데, 일제강점기였던 1934년에 만들어진 흑백 무성영화로 조선극장에서 개봉해 많은 인기를 끈 것으로 알려져 있다. 감독은 안종화가 맡았고 주인공은 유도선수 출신의 이원용, 그리고 영화 〈아리랑〉으로 온 국민을 울렸던 신일선과 박호, 김연실이 서울로 상경한 청춘남녀 역할을 맡았다.

이 영화에서 일제강점기의 민족적 모순은 잘 드러나지 않는 듯하다. 그보다는 성공의 꿈을 품고 농촌에서 서울로 올라온 젊은이들이 도시에서 겪는 에피소드를 다룸으로써 신분을

〈청춘의 십자로〉(1934) 포스터.

중시하던 사회에서 차츰 재력을 중시하는 사회로 나아가고 있는 사회 분위기를 보여준다. 1938년 〈조선일보〉 영화제에서 무성영화 부문 6위를 차지해 대중성을 입증하기도 했다.

내용도 내용이지만 〈청춘의 십자로〉가 갖는 중요성은 또 있다. 먼저 첫 발성영화인 〈춘향전〉보다 일 년 앞서 제작된 영화이자 무성영화 시대의 끄트머리를 장식한 작품이면서 작품성도 뛰어났다. 게다가 발굴 당시 필름이 복사본이 아닌 원본이었다. 현존하는 가장 오래된 원본 필름이자 유일한 무성영화였기에 화제가 집중되었다.

또 1933~1934년경 서울 사람들의 의복과 주거 상황을 살필 수 있어 생활문화적으로 가치가 높은 정보를 담고 있다. 필름이 아니라 시나리오 형태로 남아 있는 대부분의 무성영화와 확연히 대비되는 대목이다. 그런 이유로 2012년 등록문화재로 지정되었는데, 앞서 2007년 양주남 감독의 1936년 작품인 〈미몽〉 등 영화 7편이 국내 최초로 동시에 등록문화재로 지정된 이후

5년 만의 일이었다.

　일반 극장이나 텔레비전에서는 무성영화를 접하기는 쉽지 않다. 상암동에 있는 한국영상자료원에 가면 그때 그 영화이자 지금은 문화재인 〈청춘의 십자로〉를 감상할 수 있다. 무성영화를 맛깔나게 읽어주는 변사의 음성도 들으면서.

2장

사라져가는 것들과
다가오는 것들

궁궐을 정원으로 삼은 집?

창덕궁

유네스코 세계문화유산에 등재 되어 있는 창덕궁은 일 년 내내 수많은 여행자들이 찾는 곳이 다. 그 위상에 걸맞게 궁궐 내부가 잘 정비되어 있는 것은 물론 이다. 뒤쪽에 자리 잡은 후원 역시 자연을 거스르지 않는 조선 의 전통 조경 양식을 잘 보여준다.

그런데 창덕궁 바깥으로 시선을 옮기면 사정이 달라진다. 돈 화문에서 창덕궁 왼쪽 담장을 따라 북촌 쪽으로 걷다 보면 놀라 운 광경을 목격하게 된다. 2층짜리 주택 한 채가 궁궐 담 속에 자리 잡고 있는 것이다. 문화재 보호 의식이 희박하던 1960년 대에 창덕궁 관리소장 관사로 들어선 건물이다. 이후 1980년대 초 민간인에게 팔리면서 지금은 그저 바라만 보고 있어야 하는 형국이다. 문화재청 창덕궁관리사무소 측은 "민가를 매입하기 위해 노력하고 있지만 소유자와의 의견 차이로 매입 계획이 순 탄치만은 않다"라고 말한다.

그 건물을 지나 안쪽으로 더 들어가면 아예 대놓고 창덕궁 담 장을 훼손하는 건물들을 확인할 수 있다. 창덕궁 담장을 개인

궁궐을 침범하고 들어선 창덕궁 관리소 상 관사. 지금은 개인 소유로 바뀌어 있다.

개인 집의 벽이나 축대 등으로 이용되고 있는 창덕궁 서쪽 지역의 담장.

주택의 담장으로 활용하거나 아예 창덕궁 담장을 벽으로 삼아 그 위에 지붕을 얹어 방이나 창고로 쓰는 경우마저 있다.

개인 주택에 가까운 창덕궁 돌담 중에는 궁궐 바깥쪽으로 흙이 무너져내려 붕괴 위험이 엿보이는 곳도 여러 군데다. 쓰레기나 폐건축자재를 방치해둔 것 정도는 도드라져 보이지도 않을 정도다. 일제강점기와 한국전쟁 같은 혼돈의 시기를 거치면서 개인들이 마음대로 공간을 침범하거나 셋방을 하나라도 더 만들기 위해 각축을 벌이고 또 관련 공무원들이 불법으로 몰래 팔아버린 결과다.

문화재는 지속적인 관심을 갖지 않으면 훼손될 수밖에 없다. 이미 개인 사유지로 변한 곳은 손쓸 방도가 없는 것이 사실이지만 그렇다고 방치해두고 있을 수도 없는 노릇이다.

더욱이 유네스코 세계문화유산에 등재되어 있는 조선왕릉의 경관 또한 주변의 건축물이나 축사 때문에 훼손되어가고 있는 것을 생각하면 창덕궁의 제모습 찾기가 어느 때보다 절실해 보인다. 여행자들이 찾는 창덕궁 내부만 가꾸고 정비할 것이 아니라 눈에 잘 띄지 않는 구석구석까지 정성 어린 관심을 기울여야 할 일이다.

파헤쳐진 내시 묘지

북한산 중골

2012년경 은평구 진관내동에서 북한산 의상봉을 오르다가 약 3만 제곱미터의 땅이 파헤쳐져 있는 것을 본 적이 있다. 그곳은 단순한 산자락이 아니었다. 국내 최대 규모이자 가장 오래된 조선시대 '내시內侍'들의 집단묘지가 있던 곳이었다. 파헤쳐지기 전까지 모두 45기의 묘가 있었다.

그중에서 제일 오래된 것은 광해군 시절인 1621년에 처음 묘비가 세워진 정2품 자헌대부 김충영의 묘다. 그는 왕과 왕비의 명령을 출납하는 승전관을 지낸 것으로 알려져 있다. 그 외에 비석이나 상석에 관직이 기록된 것만도 14기가 있었으며 내시부의 최고 관직인 종2품 상선의 묘가 5기, 종1품 승록대부의 묘도 2기나 됐다.

그러나 후손들이 한 조경업자에게 4억 8000만 원을 받고 땅을 넘기면서 그렇게 갈아엎어지고 만 것이다. 내시의 양자로 이어진 후손들이 자신들의 선조가 내시라는 점을 부끄럽게 생각한 것이 큰 원인이었고, 이 집단묘지가 지정문화재가 아니어서 상대적으로 매각이 어렵지 않았던 점도 사태를 부추겼다.

곳곳에 널브러진 채 방치되고 있는 내시 묘 석물.

　당시 사건은 한 집안의 집단묘지가 없어진 것 이상의 안타까움을 몰고 왔다. 그곳에 안장된 이들 가운데 김성휘나 박민채, 오준겸 들은 《조선왕조실록》과 《승정원일기》에 활동 기록이 남아 있는 인물이었다. 또 내시들의 부인도 사대부의 부인이 받는 정경부인貞敬夫人에 봉작됐음을 알 수 있게 해주는 비문들이 있었다. 내시 개개인의 인물사 연구는 물론 당대의 풍속사 연구에도 귀중한 사료였지만 그렇게 갑작스럽게 파헤쳐지면서 모두 흘러간 옛일이 되고 말았다.

　현재 내시의 묘는 은평구 이말산에 있는 4기를 비롯해 도봉구 초안산과 쌍문동, 강남구 신사동, 경기도 고양과 남양주, 양주, 용인, 그리고 경북 청도에 극히 소수만 남아 있을 뿐이다.

내시라는 존재가 단순히 거세를 해 남성성을 잃은 사람이 아니라 왕조 경영에 필수불가결한 전문가 집단이었다는 것을 아무리 강조해도 후손들의 가슴속에 응어리진 벽을 깨기란 쉽지 않아 보인다. 그나마 남아 있는 몇 기의 내시 묘지들이 앞으로 어떻게 될지 걱정되는 이유다.

'연신원' 철거 단상

연세대 신촌캠퍼스

2003년 1월 26일, 한밤중에 전화 한 통이 걸려왔다. 연세대학교 신촌캠퍼스 안에 있는 한 건물을 밤사이 철거하고 있다는 제보였다. 급히 옷을 추스르고 현장으로 달려갔다. 새벽 2시경 현장에 도착했을 때 건물은 이미 두 대의 굴삭기와 20여 명의 장정들에 의해 거의 무너져내린 뒤였다.

무참히 부서진 그곳은 1964년 세계교회협의회의 도움으로 세운 연세대 연합신학대학원, 이른바 '연신원' 건물이었다. 그간 '연세신학延世神學'의 상징과도 같은 존재였다.

이미 철거 8년 전인 1995년 연세대학교 이사회가 연신원 자리에 1만 9800여 제곱미터 규모의 새 건물을 짓기로 결정하고 같은 해 10월 기공식까지 치렀다. 그러자 계획대로 건물을 신축하면 주변 경관이 상할 뿐 아니라 연세대의 역사성을 훼손하는 일이라며 철거 반대운동이 벌어졌다. 연신원을 다른 장소로 옮겨 짓는 식으로라도 '연세신학'의 정신이 담겨 있는 장소만은 지키자는 의견이 나오기도 했다. 그러나 공간의 역사성보다

는 규모와 편리성을 우선시하는 세태 속에서 그런 제안은 묵살
됐고, 연세신학의 상징은 결국 무참히 헐리고 말았다.

　연세대 안에서 백척간두에 놓인 건물은 또 있다. 연신원 바로
아래에 있는 '핀슨홀'이다. 1938년 연희전문에 입학한 윤동주
시인이 기거했던 기숙사로 연세대 법인사무처가 이용하다가
2003년부터는 윤동주기념관으로 쓰이고 있다. 1922년 건립되
어 근 100년 역사를 자랑하는 데다 문학사적으로도 의미가 있

지만 연신원과 마찬가지로 문화재로 지정되지 않아 소유주가 마음만 먹으면 언제든 헐어버릴 수 있는 상태다.

물론 오래된 건물이라고 해서 모두 문화재로 지정해 보호할 수는 없을 것이다. 문화재로 지정했다 하더라도 재개발 이익을 좇아 새벽녘에 철거해버리는 일이 이제는 그리 새삼스럽지도 않다. 그러나 잊어서는 안 될 것이 있다. 공간의 파괴는 시간의 파괴고, 시간의 파괴는 곧 기억의 파괴를 부른다. 역사적인 건물임에도 쉽게 헐어버릴 수 있는 한국 사회…. 지켜야 할 것은 지키는 문화는 과연 요원하기만 한 희망일까.

다시 볼 수 없는
한국 최초의 증권거래소

명동

　　　　　　명동에 갈 때마다 섭섭한 감정을
불러일으키는 현장이 있다. 외환은행 본점 뒤쪽에 자리한 한 빌
딩으로, 그곳에는 원래 1922년 완공된 경성주식현물시장 건물
이 있었다. 1956년부터 1979년까지 20여 년 동안은 대한증권
거래소로도 쓰였다. 말하자면 '한국 최초의 증권거래소' 건물이
었다.

　그런데 2005년, 문화재청이 문화재 등록을 예고한 근대문화
유산이었음에도 결국 지금과 같은 신식 빌딩을 짓기 위해 철거
되고 말았다. 당시 한국 금융 근대사의 대표 건물이자 금융 중
심지로서의 명동의 정체성을 보여주는 건물이기에 보존해야
한다거나, 이듬해인 2006년이 주식거래가 시작된 지 정확히
50주년이 되는 해라며 증권박물관으로 활용하자는 등 여러 아
이디어가 나왔다.

　거래소로서는 증권사들이 내는 회비와 투자자들의 수수료로
운영되므로 그들의 '눈치'를 봐야 하기에 선뜻 앞장서기가 부담
스러웠을 것이다. 문화재청은 '소유주의 개인 재산권 행사를 규

철거되고 있는 '한국 최초의 증권거래소'.

제할 법적 근거가 없다'는 입장만 내세웠다. 즉 민간 소유였던
그 건물을 다시 사들이는 데 들어갈 수백억 원의 비용이 최대
걸림돌이었다. 결국 한국 최초의 증권거래소로서 경제성장의
산파 역할을 해왔던 대한증권거래소 건물은 83년 역사를 끝으
로 영원히 자취를 감추고 말았다.

　문제는 이러한 일이 언제든 재발할 수 있고 또 실제로 일어나
고 있다는 데 있다. 현재 근대문화유산은 '등록' 형식으로 보호
하고 있는데, 법적인 강제력이 없기 때문에 소유주의 의사에 따
라 언제든 철거될 수 있다. 보존하고 가꿔가야 하는 문화유산으

로 보는 게 아니라 사고파는 돈벌이의 대상으로 보는 인식이 워낙 강한 탓이다.

물론 등록문화재 소유주에게 재산세나 종합토지세를 반액 가까이 감면해주거나 '1세대 1주택' 양도소득세나 상속세 징수를 유예해주는 등 혜택이 전혀 없는 것은 아니다. 그러나 실익이 별로 없다는 반론이 제기된다. 근대문화유산을 보존했을 때 얻을 수 있는 기대수익과 개발을 통한 실질 기대수익 사이에 차이가 커 균형점을 찾기가 쉽지 않다.

가까운 일본에서는 1935년 건립된 오사카 증권거래소 건물을 보존하기 위해 옛 건물을 부수지 않고 주변에 기둥을 보강해 그 위에 새 건물을 올리는 방식을 택한 적이 있다. 대한증권거래소 건물을 철거하기 3년 전인 2002년의 일로, 근대문화유산도 보존하면서 경제적 이익도 취할 수 있는 접점을 그렇게 절충해냈다. '한강의 기적'이라는 압도적 속도의 경제성장을 해방 이후 최대 성과라 여기는 한국에서 정작 자국의 증권 거래와 자본주의 발전사를 간직한 건물을 다시 볼 수 없게 되었다는 사실은 아이러니하다.

자동차에 밀려난 대한문

덕수궁

경복궁 광화문이든 창덕궁 돈화문이든 궁궐 정문들은 하나같이 도로를 면하고 있다. 그런데 유독 덕수궁(경운궁) 정문인 대한문大漢門만은 안쪽으로 쑥 들어가 있다.

애초 덕수궁 정문은 정전인 중화전 앞에 있던 인화문이었다. 그런데 인화문 밖의 도로가 좁다 보니 대한제국 출범 직후인 1898년, 지금의 플라자호텔과 덕수궁 사이에 대안문大安門을 짓고 사실상 정문으로 삼았다. 대안문이란 이름은 1906년경 문을 수리하면서 대한문으로 바뀌었다.

일제강점기 들어 방치되다시피 했던 덕수궁은 5·16군사쿠데타 직후 '도시 미관 선진화 사업'의 대상이 된다. 그 결과 1961년 12월 덕수궁 돌담을 모두 헐고 철책 담장으로 바꿔버렸다. 이른바 '개방형 담장'으로 굳이 안에 들어가지 않고도 궁궐 내부를 훤히 들여다볼 수 있게 한 것이다. 1968년 들어 철책을 없애고 다시 돌담으로 복구했지만 그때 이뤄진 태평로 확장 공사로 대한문은 이미 섬처럼 고립무원의 처지가 되었다.

섬처럼 고립되어버린 1968년경의 대한문.

대한문의 위치가 바뀐 것은 그때였다. 도로 한복판에 나앉은 대한문은 교통 흐름에 지장을 주는 방해물 따위로 인식되기 시작했고, 결국 본래 위치에서 22미터 후퇴한 지금의 자리로 들어앉게 되었다. 목조 건물의 특성상 '해체-이전-재조립'을 할 수 있기에 가능했던 일이다.

근래 들어 문화재가 본격적으로 수난을 당한 것은 일제강점기 때였다. 조선을 강제병합한 일본은 고종이 황제가 되었음을 선포한 환구단을 헐고 그 자리에 조선철도호텔을 지었다. 경복궁에서는 엑스포장을 꾸민다는 구실로 건물 철거가 단행됐고,

시내버스 차고지 정문으로 쓰이다 발견된 환구단 정문.

창경궁은 동·식물원으로 전락했다. 또 을미사변 때 일본인들에 맞서 싸우다 죽은 이들을 기리기 위해 만든 제단인 장충단을 공원으로 개조하고 한쪽에는 침략의 원흉인 이토 히로부미를 기리는 사찰 박문사를 지었다.

일제만 탓할 수는 없다. 문화재 파괴는 해방 뒤 한국인의 손으로도 계속되었다. 이를테면 그나마 남아 있던 환구단 정문은 서울 우이동으로 옮겨 시내버스 차고지 정문으로 사용했다. 순종의 결혼식이 열렸던 안동별궁도 1960년대 들어 원래 자리에서 사라진 뒤 불과 몇 년 전에야 일부 시설이 경기도 고양시의

독립문고가차도 건설로 독립문은 70미터 북서쪽으로 이전되었다. 사진은 옮기기 전의 모습.

한 골프장에 남아 있는 것이 발견됐다. 대한문의 경우처럼 교통
에 방해가 된다며 원래의 자리에서 70미터 떨어진 곳으로 옮겨
버린 독립문도 있다. 한국인에 의한 문화재 수난사 또한 일일이
열거하기 힘들 정도다.

대한문이 원래 자리에서 밀려난 지 반세기가 되어간다. 과연
이제는 문화재들이 제자리를 지키며 그곳에 얽힌 이야기들을
우리에게 들려줄 수 있을까? 2008년만 해도 서울시 스스로 등
록문화재인 옛 서울시청사 철거에 나섰다. 한국 사회의 문화재
를 대하는 태도가 여전히 크게 나아지지 않은 듯해 우려스러운

게 사실이다. 그럼에도 그 오랜 시행착오의 시간만큼 문화재를 향한 사랑이 더욱 깊어졌기를 기대해본다.

역사관으로 재탄생한
을사늑약의 현장

중명전

덕수궁 돌담길은 가로수가 멋진
데다가 차량 통행도 적어 서울 도심에서 산책하기 좋은 곳으로
꼽힌다. 그런데 알고 보면 서울, 나아가 한국 근현대사를 이해하
기에도 맞춤한 공간이다. 서울시립미술관으로 쓰이는 일제의 경
성법원 건물이나 구한말 신식교육의 산실인 배재학당과 이화학
당, 그리고 프랑스공사관 유구 등 덕수궁 돌담길 곳곳에는 지난
시대 격동의 역사를 품은 현장이 고스란히 남아 있다.

그중에서도 정동극장 뒤쪽에 조용히 숨어 있는 중명전은 가
히 압권이라 할 만하다. 애당초 대한제국의 황실 도서관으로 이
용되었지만 1905년 을사늑약이 강제로 맺어진 잊지 못할 역사
의 현장이다.

을사늑약은 일본이 대한제국의 외교권을 박탈하고 통치기구
인 통감부를 설치한다는 내용 등을 골자로 하는, 한마디로 대한
제국의 주요 주권을 일본에 넘기는 조약이었다. 그 강제적이며
불법적인 과정 때문에 지금은 을사조약이 아니라 '강제할 늑勒'
자를 써서 을사늑약이라고도 부른다.

보수공사 이전의 중명전 내부.

을사늑약 체결 2년 뒤 고종이 과정과 내용의 부당함을 국제 사회에 고발하기 위해 이준과 이상설, 이위종을 특사로 삼아 네덜란드 헤이그로 파견한 곳도 바로 이곳 중명전이었다. 고종은 그 일을 빌미로 황제에서 강제 퇴위되었는데 중명전의 처지도 크게 다르지 않았다. 경성구락부에 임대되어 외국인들을 위한 사교장으로 쓰인 것이다.

해방 뒤라고 해서 사정이 나아진 것은 아니다. 일본에서 영구 귀국한 영친왕과 이방자 여사가 거처로 잠시 썼다. 하지만 잊고 싶은 역사적 사건이 벌어진 건물이었기 때문일까? 1970년대 말 민간에 매각된 뒤로는 한국인의 기억 속에서 거의 사라져버렸고, 심지어 붕괴 직전까지 내몰렸다. 2009년이 되어서야 가까스로 편성한 긴급 예산으로 보수공사를 시작했고, 이듬해 지금과 같은 역사관으로 재탄생해 일반에 개방되었다. 2007년에는 덕수궁(경운궁)에 포함돼 사적으로 지정되었다.

부정적인 역사라고 해서 부끄럽다며 눈을 감아버리는 것은 역사적 진실에 대한 망각을 앞당기는 행위일 뿐이다. 그런 역사를 되풀이하지 않기 위해서라도 기억의 현장들을 남기고 보존해야 한다. 이것은 과거가 아닌 미래를 위한 일이다.

붕괴 위기에 내몰린 뒤에야 가까스로 수리된 중명전.

누구도 몰랐던 경술국치의 현장

남산

한국인 가운데 '1910년 경술국 치'를 모르는 사람은 아마 없을 것이다. 그렇다면 문제의 한일 강제병합조약이 맺어진 곳은 어디일까?

놀랍게도 2005년 7월 우리문화재자료연구소 이순우 소장이 파악해낼 때까지 그 장소가 어디인지 아는 이가 없었다. 이완용 이 조선총독부의 전신인 통감부의 통감 관저로 조약문을 가져 가 도장을 찍었다는 사실만 전해질 뿐 정작 관저의 정확한 위치 는 알려지지 않았던 것이다.

> 1911년 1월 1일에 발행된 《일본의 조선日本之朝鮮》을 보면 통감 관저의 전경을 촬영한 사진이 한 장 실려 있는데, 거기 보면 진입 로 모습이 지금과 하나도 다르지 않다는 것을 알 수 있어요.

이 소장이 말한 진입로는 통감 관저로 들어가는 길로, 《일본 의 조선》과 여러 차례의 답사를 통해 그가 찾아낸 경술국치의 현장은 다름 아닌 서울 남산에 있는 교통방송 사옥에서 서울유

1910~1911년경의 통감 관저 진입로(위)와 2015년 4월 현재의 모습(아래). 수령 420년 정도로 추정되는 은행나무의 위치와 형태가 닮았다.

연설하는 사람 뒤로 1936년 통감 관저 앞마당에 세운 하야시 곤스케 일본공사 동상 좌대
가 보인다(위). 2006년 좌대 판석 세 개가 근처에서 발견되었다(아래).

스호스텔로 향하는 언덕길 위 공터였다. 심지어 사진에 나오는 진입로 옆 은행나무의 위치도 그대로다.

이듬해인 2006년 2월 은행나무 근처에서 발견된 하야시 곤스케 일본공사의 동상 받침은 심증을 사실로 확신케 한 증거였다. 대한제국의 외교권을 박탈하고 통감부를 설치하는 내용을 골자로 하는 을사늑약 체결에 앞장선 점 등을 기려 통감 관저 앞에 하야시의 동상을 세웠다는 기록이 있었기 때문이다.

그런데도 왜 경술국치의 현장을 모르고 있었던 걸까? 관저는 통감 관저에 이어 1910년부터 1939년까지 조선총독 관저로 이용됐다. 총독 관저가 지금의 청와대 자리로 이전해간 뒤에는 역대 통감과 총독의 조상과 유물을 전시하는 시정기념관으로 바뀌었다. 해방 뒤에도 철거되지 않고 1946년 국립민족박물관, 1953년 국립박물관 남산 분관, 1954년 연합참모본부청사로 쓰였다. 상황이 바뀐 것은 박정희 정권 들어서였다. 관저 터 주변에 국가정보원의 전신인 중앙정보부청사를 세우면서 아무런 기록도 남기지 않고 철거해버린 것이다. 그 사실을 기억하고 있는 이조차 없어 500년 역사의 나라가 망한 장소는 이 소장이 발견하기 전까지 누구도 위치를 알지 못했다.

마침내 1910년 한일강제병합조약이 맺어진 통감 관저가 있었던 곳이라는 역사적 사실을 알리는 표석이 설치된 것은 경술국치로부터 꼭 100년 만인 2010년 8월 29일이 되어서였다. 그 것도 정부나 지자체 같은 공공기관이 아니라 순수 민간단체인 민족문제연구소에 의해서였다. 한 국가가 변변한 전쟁 한 번 치르지 않고 조약이라는 형식을 빌려 멸망한 것조차 세계사에서 유례를 찾기 힘든 일이지만, 그 대표 현장을 이렇게 홀대하는 것 또한 참 어이없는 일이다.

'동척' 관사가 남아 있다

종로구 통의동

최근 경복궁 서쪽 자하문로 일대를 찾는 이들이 부쩍 늘고 있다. 카페나 음식점들이 비집고 들어가면서 상업적인 분위기로 바뀐 북촌과 달리 아직까지 고즈넉한 분위기를 유지하고 있는 탓이리라.

그곳 동네 골목을 걷다 보면 오래된 한옥 외에 일본식 건물을 몇몇 발견할 수 있다. 통의동 대림미술관 근처에 있는 집들이 그것이다. 기와를 얹은 모습이 얼핏 한옥과 비슷해 보이지만 자세히 들여다보면 일본식 건물이라는 것을 알 수 있다. 바로 일제강점기 당시 동양척식주식회사 직원들이 살던 관사다.

줄여서 '동척'이라고도 부르는 동양척식주식회사는 일제가 조선의 토지와 자원을 수탈할 목적으로 설치한 일종의 식민지 착취기관이었다. 동척은 대한제국 정부로부터 국유지를 강제로 불하받거나 헐값으로 매입하는 방식으로 막대한 면적의 농토와 삼림지를 가로챈 뒤 일본인 이민자들에게 싼값에 양도했다.

또 토지의 일부를 조선 소작인들에게 빌려주고 50퍼센트가 넘는 고율의 소작료를 징수했으며, 영세 소작농에게 빌려준 곡

동양척식주식회사 직원 관사 골목.

물에 대해서는 20퍼센트 이상의 고리를 추수 때 현물로 거둬들였다. 조선인의 경제적 자립 기반을 허무는 동시에 일본인의 조선 이주를 장려하기 위한 술책이었다.

그 결과 수십만 명에 이르는 조선 빈농들은 토지를 잃고 북간도 등으로 이주해간 반면, 동척은 조선총독부 다음 가는 대지주가 되어 1942년 당시 16억 5000여 제곱미터 이상의 임야를 소유하기에 이르렀다. 조선총독부가 정치적인 방식으로, 조선은행이 경제적인 방식으로, 일본군이 군사적인 방식으로 조선을 수탈하고 조선인을 억압했다면, 동척은 토지를 통해 조선인의 삶을 망가뜨렸다.

동양척식주식회사가 있던 현 외환은행 본점 자리에 서 있는 나석주 열사 동상.

　그랬던 동척의 본거지였던 을지로 2가에는 현재 외환은행 본점이 들어서 있을 뿐 당시의 흔적은 찾을 길이 없다. 동척 건물에 폭탄을 던졌던 나석주 열사의 동상만이 한쪽에 우두커니 서 있을 뿐이다. 그러나 그 직원들이 살던 통의동의 동척 관사만은 서른 채가량이 100여 년이 지난 지금까지도 건재하다.

　1970년대에 들어 상당수가 고급 주택이나 빌라 등으로 변했고 남아 있는 건물도 겉모습이 일부 바뀌긴 했지만 지난 식민지 시대의 기억만은 아직 오롯이 간직하고 있는 동척 관사… 식민지 시대의 쓰라린 흔적을 엿볼 수 있는 서울에 남은 몇 안 되는 현장 가운데 한 곳이다.

일본군 장교 관사의 운명은?

부엉이 근린공원
‥‥‥‥‥‥‥‥‥‥‥

상암동은 '2002 한일월드컵'을 앞두고 본격 개발되기 시작한 지역이기에 역사의 흔적이 없을 것이라 생각하기 쉽다. 그런데 실은 그렇지가 않다. 수많은 시민들이 찾는 하늘공원과 노을공원만 해도 현대 생활문화사의 흔적을 그대로 간직하고 있다. 공원 지하에 묻혀 있는 어마어마한 양의 '쓰레기'가 그것이다.

두 공원은 1978년부터 1993년까지 이용됐던 난지도 쓰레기 매립지를 흙으로 덮어 만든 '인공' 산이다. 15년 동안 쌓은 양이 무려 8.5톤짜리 트럭 1,300만 대분에 달했다. 재미있는 것은 매립지를 흙으로 덮어 공원으로 만들 때 고고학자들이 발굴 연습을 하기도 했다는 점이다. 당대 시민들이 과연 무엇을 먹고 입고 이용했는지 그리고 어떤 질병이 돌았는지 등을 가늠할 수 있게 해주는 이른바 '쓰레기 고고학Garbage Archaeology'에 눈을 뜨는 계기가 되었다.

노을공원에서 북동쪽으로 약 1킬로미터 떨어진 상암월드컵파크 10단지 아파트 옆에 있는 부엉이 근린공원에서는 일제강점기의 흔적을 찾아볼 수 있다. 1930년대에 지은 위관급 장교들의 숙소, 이른바 '일본군 장교 관사'다. 2005년 SH공사가 대규모 택지를 조성하면서 22개 동의 존재를 확인했다. 1970년대에는 그린벨트로 묶여 있었고 1990년대 초까지는 쓰레기 매립지 근처에 있었기에 오랜 시간이 흐르는 동안에도 개발의 손길이 닿지 않아 철거되지 않고 살아남을 수 있었다.

다만 일본군 장교 관사를 향한 시민들의 시선은 하늘공원이나 노을공원의 경우와 사뭇 달라 보인다. 쓰레기 매립지는 시민들이 찾는 공원으로 거듭났지만 일본군 장교 관사를 향한 원성은 높아만 가고 있다. 문화재청이 "일제의 아시아 침략을 여실히 보여주는 문화유산으로 보존 가치가 있다"며 22개 동의 관사 가운데 2개 동을 원래 위치에서 130미터 떨어진 지금의 자리에 복원하고 근대문화재 등록을 예고했으나, 근처 아파트 주민들은 "왜 군이 부정적인 역사 흔적을 남겨두느냐, 자랑스럽지 않은 역사 흔적을 문화재라며 보호할 필요가 있느냐"라고 반발하고 있다.

한국 곳곳을 돌아보면 민족 또는 국가 차원의 치욕적인 과거를 증거하는 유적이나 장소는 거의 대부분 파괴되거나 방치되고 있음을 알 수 있다. 2007년에는 송파구 잠실동에 있는 '삼전도비'에 한 30대 남성이 붉은색 페인트칠을 해버린 일이 있었

발견된 22개 동 가운데 2개 동을 보존해둔 일본군 위관급 장교 관사.

다. 병자호란 때 조선이 당한 굴욕을 기록해둔 삼전도비에 대한 반발심과, 문화재로 지정되어 있는 삼전도비로 인해 지역 개발이 지연된다는 것이 이유였다. 또 러일전쟁 때 뤼순전투를 승리로 이끌어 '군신軍神'이라 불린 노기 마레스케를 기리는 남산의 '노기신사' 관련 유구도 쓰라린 역사를 떠올리게 한다는 이유로 여태 방치되고 있다.

물론 일제의 침략을 경험했던 나라라고 모두 같은 형편은 아니다. 가까운 중국만 해도 일제의 폭력이 응축되어 있다고 할 수 있는 뤼순감옥을 근현대 역사박물관으로 활용하고 있고, 뤼

:
뤼순감옥(위)의 왼쪽 회색 건물은 러시아가. 오른쪽 붉은 건물은 일본이 지배하던 시기에
지은 것으로 그 지역의 복잡한 역사를 보여준다. 근처에 위치한 옛 일본군 뤼순전투 승전
탑(아래)은 현재 전망대로 이용되고 있다.

순 곳곳에 산재한 일제의 승전탑들도 부수지 않고 보존하고 있다. 부정적 역사가 서려 있는 유산을 보존하고 역사교육의 장으로 삼음으로써 다시는 비슷한 상황을 초래하지 말자는 의지를 되새기려는 데 목적이 있다.

상암동의 일본군 장교 관사는 앞으로 어떻게 될까? 주민 반발을 무릅쓰고 꿔다놓은 보릿자루마냥 서 있는 일본군 장교 관사 앞에서 역사를 대하는 우리의 자세를 다시 한 번 생각해본다.

서울 한복판의 태평양전쟁 흔적

경희궁 방공호

서울역사박물관 뒤에 자리잡은 경희궁은 원래의 경희궁이 아니다. 건물도 위치도 새롭다. 일제 강점기에 경성중학교를 세우면서 전각 대부분을 헐어 다른 곳으로 옮겨버렸다가 1988년 원래 위치에서 조금 벗어난 곳에 거의 새로 지은 것이다.

'방공호'가 발견된 것은 그때였다. 왕과 왕비의 생활공간인 융복전과 회상전이 있던 자리다. 태평양전쟁 말기인 1944년 초 일제가 미군의 폭격에 대비해 만든 방공호였다. 서울역사박물관 오른쪽 뒤편에 있는 철문이 방공호 출입문인데, 최근까지 경희궁 관리에 필요한 자재나 청소도구를 보관하는 시설로 이용되었다.

굳게 닫힌 철문을 열고 들어가 반층 정도 내려가면 짧고 긴 복도가 죽 이어져 있다. 총 길이 110여 미터에 폭 9미터, 높이 6미터 정도의 규모로, 내부는 20개 정도의 크고 작은 방들로 구성되어 있다. 콘크리트 외벽의 두께가 자그마치 3미터에 달해 과연 군사시설답구나 하는 생각이 들게 한다.

경희궁 방공호 내부.

　과연 이 방공호의 미래는 어찌 될까? 서울역사박물관은 대대
적인 수리를 거쳐 서울의 근현대 역사 유물들을 보관하는 수장
고로 쓸 계획이라고 한다. 서울 각 지역을 재개발하는 과정에서
도시의 성장사와 시민들의 생활상을 보여주는 근현대 유물을
많이 모았는데 큰돈을 들여 새 수장고를 짓느니 이 방공호를 이
용하는 게 낫다고 본 것이다.

　방수나 습도 유지에 어려움이 있을 것이란 지적도 있다. 또
일반인은 들어가기 힘든 박물관 수장고가 아니라 역사교육의
공간으로 시민들에게 개방하는 것이 더 나을 것이라는 대안을

내놓는 이도 있다.

여기서 중요한 것은 이 방공호를 철거하지 않고 계속 남기기로 했다는 사실이다. 일제가 만들었던 서울 시내의 다른 방공호들은 대부분 철거되는 신세를 면치 못했다. 이 방공호만은 어떻게든 남겨 지나간 식민지 시대의 아픔을 증언하는 동시에 잊지 못할 교훈을 주는 공간으로 자리매김시킬 수 있을까?

최근 부정적인 역사가 서려 있는 유산들을 없애지 않고 긍정적인 목적으로 활용하려는 시도들이 늘어나고 있다. 태평양전쟁의 기억을 고스란히 간직하고 있는 이 방공호의 미래가 그래서 더욱 궁금해진다.

'비원'과 '후원' 사이

창덕궁

종로 원남동사거리를 지날 때면 늘 눈에 거슬리는 게 있었다. 비원칼국수나 비원볼링장, 비원커피, 비원게스트하우스 등 '비원'이라는 말이 들어간 간판들 말이다.

학창 시절 창덕궁 뒤쪽에 있는 숲을 조선시대에는 후원後苑이나 금원禁苑, 북원北苑이라고 불렀지만 일제가 조선왕조 또는 대한제국 황실의 위신을 깎아내리려는 목적으로 비원秘苑이라는 이름을 만들어냈다고 배웠다. 조선의 왕들은 백성을 위한 정치는 등한시한 채 그저 숲 속에서 비밀스럽게 주지육림이나 탐하던 이들이라는 인식을 갖게 하려고 비밀스러운 정원, 즉 비원이라 이름붙였다는 것이다.

내내 그렇게 알고 있었던 것은 내 과문 탓이었다. 국사편찬위원회에서 제공하는 《조선왕조실록》 검색 서비스가 2007년부터 〈고종실록〉과 〈순종실록〉까지 포함해 운영되기 시작했는데, 거기서 비원이라는 이름이 쓰인 시점을 알아낼 수 있었다. 비원이라는 말이 처음 등장한 때는 1903년 12월 30일로 "창덕

창덕궁 주변의 '비원' 간판들.

궁 후원을 관리하는 관청으로 '비원秘院'을 두고 책임자로 감독 2인을 두었는데 다른 부서의 장이 겸임하도록 했다"라는 기록이 나온다.

물론 두 실록이 일제강점기에 쓰여진 데다, 비원의 한자 가운데 원 자를 지금처럼 '나라동산 원苑' 자가 아니라 '관아 원院' 자로 썼다는 점에서 의심의 여지가 아예 없는 것은 아니다. 하지만 1903년이면 아직 대한제국이 일본에 병합되기 전이다. 또 원 자도 한 번을 제외하고는 지금과 같은 '나라동산 원'자가 줄곧 쓰였다. 그것으로 보아 일제가 조선왕조, 나아가 대한제국 황실을 비방하려는 목적으로 일부러 만들어낸 명칭이라고 단언하기는 힘들어 보인다. 특히 갑오개혁 이후 정원을 관리하던 부서의 명칭이 비원秘院이었으므로 그것이 후원을 상징하는 이름으로 불렸다고도 추측해볼 수 있다. 관리기관院과 관리대상苑의 이름을 동일하게 썼을 수 있다는 이야기다.

한국 사회가 일제강점기 때 사용된 명칭과 관련해 왜색이 짙다든지 타율적이거나 부정적인 느낌이 나는 이름에 민감하게 반응하는 이유는 다른 데 있지 않다. 일제강점기를 지나오며 모국어 교육과 사용을 금지당했고 심지어 창씨개명까지 해야 했기 때문이다. 비슷한 예로 주요 산마루에 남아 있는 쇠말뚝을 들 수 있다. 사실 일제 때 지도 제작 과정에서 표지로 삼으려고 박았거나 무속인들이 박은 것이다. 그럼에도 일제가 산수의 기를 꺾어 조선인 중에 큰 인물이 나오는 것을 막으려 한 것이라는, '일제 단맥설' 같은 터무니없는 이야기가 여지껏 통용되고 있다. 그런 저간의 상황을 살펴볼 때 비원이라는 이름의 유래 또한 '으레 그러할 것'이라고 생각했던 것은 아니었을까.

물론 그렇다고 창경궁을 창경원이라 칭하거나 장충단과 사직단을 장충단공원이나 사직공원으로 불러야 마땅하다고 주장하는 것은 아니다. 거기에는 조선과 대한제국의 역사성을 무시하고 그 권위를 낮추려는 일제의 의도가 또렷이 투영되어 있기 때문이다. 예컨대 조선의 궁을 한낱 유원지(창경원)로 만들어버리거나 을미사변 때 민비를 지키려다 목숨을 잃은 충신들을 기리기 위한 제단(장충단)과 국왕이 토지와 곡식의 신에게 제를 올리던 제단(사직단)을 공원화한 것은 비원의 경우와 차원이 다르다.

'대일본'은 낭설이다

백악산·옛 조선총독부청사·서울도서관

한때 이런 이야기가 돈 적이 있다. 경복궁 뒤에 자리한 백악산은 '대大' 자 형상을 띠고 있으며, 광화문과 홍례문 자리에 있던 조선총독부청사는 위에서 내려다봤을 때 '일日' 자를 닮았고, 경성부청사는 '본本' 자를 의미했다는 것이다. 일제가 이 땅을 지배하던 시절 조선인의 기를 꺾기 위해 통치기구인 조선총독부와 경성부청 건물을 일부러 '대일본' 모양으로 설계했다는 이야기다.

자연물인 백악산은 논외로 치고, 지금은 철거해버린 조선총독부청사의 경우 위에서 내려다보면 '일日' 자를 닮기는 했다. 그러나 정치적 의도를 갖고 그렇게 지었다는 증거는 없다. '일日' 자형 건물을 비롯해 '입 구口' 자나 '눈 목目' 자, '밭 전田' 자 등 건물 한복판에 정원을 둔 중정식中庭式 건물은 근세 부흥식, 즉 네오바로크식 건축의 전형적 스타일이다. 비단 일제강점기의 조선만이 아니라 19세기 후반 유럽식 건물에서 흔히 발견되는 양식이다.

서울시청사를 거쳐 현재 서울도서관으로 이용되고 있는 옛 경성부청사도 그렇다. 건물 리모델링 과정에서 일부 변형되기는 했지만 위에서 보면 '본本' 자 같기는 하다. 하지만 태평로 쪽은 변이 길쭉한 반면 무교로 쪽은 짧은데, '본本' 자를 닮게 지은 것이었다면 양 변의 길이가 비슷해야 정상이다. 국호 '일본'을 드러내기 위해 '본本' 자를 닮게 지었는데 길이가 비슷하지 않았다면 아마 꽤 불경스럽다는 이야기를 들었을 것이다.

사실 경성부청사를 지을 때 '본本' 자를 본떠 설계했다는 이야기는 일제강점기의 어떤 기록에서도 발견되지 않는다. 정작 건물 설계에 참여했던 조선총독부 건축과의 사사 게이이치는 '궁弓' 자 모양, 즉 활대를 닮게 지으려 했다는 기록을 남겼다. 실제로 근처 건물에서 내려다보면 서울광장을 향해 한껏 활시위를 당긴 모양을 하고 있다.

백악산과 조선총독부청사, 경성부청사가 한자 '대일본'을 닮았다는 이야기가 나오기 시작한 것은 얼마 되지 않았다. 조선총독부 청사를 철거해야 한다는 주장이 힘을 얻던 때로, '대일본' 설은 총독부 철거를 부르짖던 이들의 근거를 뒷받침하기 위해 어거지로 만들어낸 이야기에 불과했다. 이 낭설은 최근까지 사라지지 않고 일제 잔재인 서울도서관 건물 역시 조선총독부청사처럼 헐어버려야 하지 않느냐는 주장의 밑거름 역할을 하고 있다.

'本(본)' 자보다는 '日(궁)' 자를 닮은 옛 경성부청사.

조선총독부청사와 경성부청사를 지을 때 실제로 '대일본'을 형상화하려 치자. 그래서 부정적인 유산이라고 그것들을 헐어 버렸다고 하자. 과연 그런다고 일제 잔재가 청산될까? 오히려 독일이나 중국이 부정적인 역사 유산을 일부러 보존해 교훈으로 삼는, '기억의 의무'를 중시 여기는 까닭을 돌아봐야 하지 않을까? 그들이 유대인수용소나 정치범수용소 그리고 일본군에 패한 전적지를 없애지 않고 보존해 교육의 장으로 활용하고 있는 것은 그 역사가 자랑스러워서가 아니라 잊지 않기 위해서다.

화재감지기 위에 단청?

동묘

방화로 큰 손상을 입었던 숭례문이 보수를 거쳐 새 모습을 드러냈다. 숭례문에 맞닿은 서쪽 성벽도 함께 복원해 이전보다 한층 성곽다운 모습이 갖춰진 듯하다.

예상치 못했던 숭례문 화재 사건은 한국 사회에 적잖은 변화를 몰고 왔다. 목조 문화재들이 화재에 무방비 상태라는 사실이 알려지면서 화재감시원을 배치하거나 화재감지기를 설치했고, 방염재를 뿌리거나 긴급하게 불을 끌 수 있도록 소화 장비를 대폭 확충했다.

그런데 이렇게 하드웨어를 갖췄다고 안심할 수 있는 상황은 아닌 듯하다. 보물로 지정된 동묘를 얼마 전 찾았다가 깜짝 놀랄 만한 것을 봤기 때문이다. 값비싼 화재감지기를 설치해놓고는 그 위에 그대로 단청을 덧칠해버렸다. 단청 때문에 정작 필요한 순간에 불꽃을 제대로 감지하지 못할까 우려스러웠다. 특히 동묘 담장 바로 바깥쪽은 각종 옷가지를 파는 노점상들이 즐비한데, 겨울에는 별다른 제지 없이 모닥불을 피운다. 자칫 방심하면 동묘마저 위태로울 수 있는 처지다.

동묘에 걸린 흡연 경고 현수막. 목조 문화재에는 담뱃불에 의한 화재도 무시 못할 위험 요소다.

보물인 흥인지문을 비롯해 유네스코 세계문화유산으로 등재되어 있는 종묘처럼 정부나 지방자치단체의 집중 관리를 받고 있는 문화재는 그나마 화재 관리가 잘 되고 있다. 반면 지방에 산재해 있는 문화재들은 여전히 화재 위험에 노출돼 있다.

특히 요즘에는 방화를 걱정하지 않을 수 없는 상황이다. 숭례문 방화범 김모 씨는 숭례문에 불을 지르기 2년 전인 2006년에도 창경궁에 불을 지르려 했던 적이 있지만 관계당국이 이후 별다른 관심을 두지 않자 결국 숭례문 방화라는 전무후무한 일을 벌였다. 그뿐 아니라 2010년에는 부산 범어사 천왕문이 방화로 큰 피해를 입었으며, 흥인지문을 비롯해 혜화문과 동묘 그리고 수원 화성행궁과 성공회 강화성당을 대상으로 한 방화 시도도 잇따랐다.

문화재 방화범은 기본적으로 징역 3~8년에 가중처벌시 징역 6~12년형을 받는다. 그러나 처벌은 사후의 일일 뿐이다. 불에 취약한 목조 문화재의 경우 화재 발생 뒤 5분이 가장 중요한 '골든 타임'이다. 만약 그 안에 불을 잡지 못하면 숭례문 화재 사건과 같은 비극은 언제든 다시 일어날 수 있다.

모든 목조 문화재에 감시 인력을 배치할 수는 없는 노릇이다. 동묘의 사례에서 보듯 이미 설치한 화재감지기라도 제대로 살펴보고 꾸준히 유지보수하는 노력은 해야 하지 싶다.

철거만이 능사였을까?

조선총독부청사

세종로는 단순히 서울의 한 도로가 아니다. 권력과 경제, 언론의 중심 도로이자 조선 개국 이래 역사의 중심 도로라 할 만하다. 본래 남산 중턱에 있던 조선총독부가 1920년대 중반 이후 세종로의 시작점이자 경복궁 초입으로 청사를 확장 이전한 데서 알 수 있듯, 일제강점기에도 그것은 마찬가지였다. 조선총독부청사는 1995년 김영삼 정권이 '역사 바로 세우기'를 이유로 철거해버릴 때까지 계속 그 자리에 있었다.

오랜 시간이 흘러 많은 시민들의 기억 속에서 사라져버린 경복궁의 조선총독부청사…. 과연 철거만이 능사였을까?

기본적으로 조선총독부청사를 없앤다고 해서 한국이 식민지배를 당했다는 역사적 사실이 없어지지는 않는다. 역사라는 것은 언제나 사실이 바탕이 된다. 그렇기에 있었던 사실과 그 현장을 되도록 많이 기록하고 남기는 것이 바람직한 건 두말할 나위가 없다. 치욕스러운 역사로부터도 배울 바를 찾는 것이 역사를 공부하는 기본 자세 가운데 하나이기 때문이다.

천안독립기념관 야외전시장으로 옮겨놓은 옛 조선총독부청사 첨탑.

　　그런 면에서 조선총독부청사 철거는 내내 아쉬움으로 남아
있다. 그 건물은 해방 뒤 제헌국회가 열린 곳이자 대한민국 헌
법이 공포된 곳이다. 또 초대 대통령을 선출한 곳일 뿐 아니라
'9·28서울수복' 때는 태극기를 올린 상징적 의미가 있는 공간
이다. 일제의 통치기구 건물이었지만 동시에 한국 현대사의 주
요 사건들이 벌어진, 대한민국 역사의 살아 있는 현장이었다.

　　조선총독부청사를 철거한 뒤 원형 돔을 비롯해 상징적인 부
분은 충남 천안 독립기념관 야외전시장으로 옮겨놓았다. "지하
5미터 깊이에 묻어 전시함으로써 일제 잔재를 청산하고자 한

다"라는 안내문을 함께 세웠다. 일부 부재들은 서울역사박물관 앞마당에 전시해두었다. 이런 갑작스런 철거와 '지하 5미터 깊이 매몰' 같은 주술적 행위를 통해 정말 일제 잔재를 청산할 수 있으리라 믿는 것일까?

정작 현실에서는 《친일인명사전》 편찬을 위한 국회 예산이 석연치 않은 이유로 삭감되었고, '대통령 직속 친일반민족행위 진상규명위원회' 활동은 중단되고 말았다. 최근에는 민족해방 운동가에 대한 서술은 줄인 반면 친일반민족행위자에게는 면 죄부를 주는 듯한 내용으로 점철된, 역사 왜곡과 식민사관에 근거한 한국사 교과서가 버젓이 교육부의 승인을 받았다. 심지어 2015년 들어서는 시대착오적인 '국정' 국사교과서 부활 움직임까지 나타나고 있다. 친일 청산은 한낱 조선총독부청사를 철거한다고 되는 것이 아니다.

일제가 끊은 지맥, 다시 잇는다

율곡로

율곡로는 경복궁사거리에서부터 창덕궁 앞을 지나 흥인지문 근처까지 3.2킬로미터 길이의 도로다. 경복궁 앞 동십자각에서 창덕궁 돈화문 앞까지 조선시대 때부터 있던 길과 원남동사거리에서 흥인지문까지를 제외한, 창덕궁·창경궁과 종묘 사이의 구간은 일제강점기에 뚫렸다.

그중 창덕궁·창경궁과 조선의 역대 왕과 왕비 그리고 사후 왕과 왕비로 추존된 이들의 위패를 모신 종묘 사이를 지나는 약 600미터 구간에 대한 지하화 공사가 최근 진행됐다. 1931년 일제가 '조선의 민족혼을 말살한다'며 궁궐과 종묘의 지맥을 끊기 위해 놓은 구간을 지하화하고, 지상은 녹지로 연결해 원래의 모습으로 되돌리는 사업이다.

일제가 조선, 특히 서울의 도로망에 본격적으로 손을 대기 시작한 것은 조선을 강제병합한 직후인 1912년경이었다. 서울의 기존 도로망과는 무관하게 종로와 지금의 퇴계로, 충무로를 연결하는 남북 도로와 방사상 도로망을 계획했는데, 당시 남산 중턱에 있던 조선총독부를 기점으로 서울의 도로망을 통제하기

율곡로 지하화 공사 안내문.

용이하게 재편하려 목적이었다.

그 계획이 완전히 실행되지는 않았다. 얼마 안 있어 조선총독부를 경복궁 광화문 자리로 옮기려는 계획이 나왔기 때문이다.

결국 서울의 도로는 남산에 있던 조선총독부가 아니라 1926년 경복궁을 비집고 들어선 조선총독부를 중심으로 재편되었다. 그곳을 기점으로 지금의 서울도서관 자리에 있던 옛 경성부청사와 명동 입구를 지나 숭례문을 거쳐 서울역으로 이어지는 도로가 완비되었다. 그리고 1931년 식민지 서울의 도로망 완성을 의미하듯 뚫린 것이 지금의 율곡로다.

동의 여부를 떠나 1990년대 역사를 복원한다며 조선총독부 청사 건물을 철거한 것에 비하면 율곡로 원상회복은 늦은 감이 없지 않다. 하지만 조선총독부청사 철거 때와는 달리 결정에 앞서 충분한 논의를 한 점은 두고두고 선례로 남을 만하다. 시장이 바뀌었어도 전임 시장의 사업이 계속되는 점과 오랜 시간 동안 익숙해진 교통 습관을 고려한 점진적인 사업 추진도 돋보이는 대목이다.

　서울시에서는 창덕궁·창경궁과 종묘의 지맥을 이은 뒤 세운 상가와 남산을 거쳐 한강과 관악산으로 이어지는 자연 녹지축을 조성할 계획이라고 한다. 앞으로 얼마나 많은 시간이 걸릴지 모를 일이지만 자연과 역사가 살아 있는 서울의 미래를 그려보는 일은 늘 설렌다.

100여 년 만에 드러난
하수관거의 의미

명동성당

명동성당은 한국전쟁 전후까지
만 해도 주변 어떤 건물보다 우뚝 솟아 있었다. 애당초 조선왕
실에서 궁궐보다 높은 건물이라는 이유로 성당 건축에 반대했
을 정도였다. 하지만 1886년에 맺은 조불수호통상조약에 따라
프랑스인들의 토지 구입을 별다른 이유 없이 제지할 수 없었고,
결국 1898년 지금의 자리에 '종현성당'이라는 이름으로 서울
최초의 성당이 들어섰다.

그곳에서 구한말의 근대적인 '하수관거'가 처음으로 모습을
드러낸 것은 2011년 말이었다. 명동성당 주교관 주변을 재개발
하는 과정에서 발견됐는데, 중심 하수관 1기와 그것에 연결된
더 작은 규모의 하수관 3기, 그리고 앞서 만든 것으로 보이는 또
다른 하수관 1기였다.

몸체는 적벽돌을 이용해 아치 형태로 쌓았고 바닥에는 박석,
즉 얇은 돌을 깔아 오염된 물이 땅속으로 스며드는 것을 막았
다. 훼손된 구간을 제외하면 총 길이가 약 13.9미터였고, 바닥
면 폭이 약 70센티미터, 높이는 약 50센티미터였다. 특히 이들

2012년 말 발견된 을지로 입구 사거리의 하수관거.

하수관이 도심으로 연결되어 있는 것도 확인됐는데, 구한말 도시 하수시설의 온전한 모습이 확인된 것은 그때가 처음이었다.

일 년 뒤인 2012년 말에는 서울 을지로에서도 하수관거가 발견되면서 근대적 하수시설이 명동성당만의 것이 아니라는 사실이 밝혀졌다. 하수관은 롯데백화점 본점 앞에서 을지로입구역 방향으로 남대문로를 따라 약 300미터 정도 이어져 있었다. 윗면은 적벽돌로 쌓은 아치형 구조, 바닥 부분은 반원형의 콘크리트 구조고, 입구 부분은 화강석을 장방형으로 다듬은 수문 형태였다. 지름이 1.5미터로 명동성당의 것보다 규모가 커 간선 하수관으로 추정되었는데, 심지어 지금도 실질적으로 기능하고 있었다!

오폐수를 적절히 처리하는 것은 도시를 위생적으로 유지하는 데서 상당히 중요한 과제이기에, 하수관거는 근대도시를 지탱하는 가장 중요한 인프라 중 하나로 꼽힌다. 그런 면에서 명동성당과 남대문로, 그리고 비슷한 시기에 서울광장과 노량진 등지에서 발견된 근대적 하수관거는 서울이 일제 때 들어 근대화되었다는 일반적인 상식을 뒤엎고 이미 구한말 때부터 근대도시로 변화하는 과정에 있었다는 것을 알 수 있게 해준다.

2014년 비교적 규모가 크고 보존 상태가 양호한 남대문로와 서울광장의 하수관거가 각각 서울특별시 기념물로 지정되어 국내 첫 하수도 관련 문화재가 되었다. 그런데 그보다 더욱 반가운 일은 우리가 아직도 서울에 대해 모르는 것이 많다는 사실을 이제라도 발견하게 된 것 아닐까? 서울, 특히 서울의 땅속은 아직도 밝혀지지 않은 수많은 비밀들로 가득한 미지의 세계다.

서울에도 도자기 가마가 있었다?

북한산 우이천 입구

북한산에 오를 때면 여러 등산로 가운데 우이동에서 시작하는 코스를 택하곤 한다. 우이동 계곡을 비롯해 도선사 같은 고즈넉한 분위기의 사찰이 등산의 맛을 더해주기 때문이다.

그런데 2013년 그 일대가 역사적인 면에서도 상당히 중요하다는 것이 밝혀졌다. 조선 초기의 것으로 보이는 가마터가 발굴된 것이다. 작업을 진행한 서울역사박물관에 따르면 도자기를 생산하는 가마 1기와 불량 도자기를 버리는 폐기장, 그리고 대량의 도자기 파편들이 함께 발견되었다고 한다. 그중 가마는 전체 길이가 약 21미터, 폭은 1.4~2.2미터, 경사도는 14도 정도인 것으로 조사됐다.

북한산 일대에 가마터가 있다는 사실이 알려지기 시작한 것은 일제강점기 때였다. 하지만 적극적인 발굴작업은 그 뒤로도 한참 동안 이뤄지지 않다가 2000년대 초 들어서야 가마터의 정확한 위치와 규모가 조사됐다.

그렇게 파악된 것이 우이동과 수유동 일대에만 8곳 정도다.

모두 여말선초의 상감청자 가마터들이다. 주된 수요처인 남경,
이후의 한양에서 멀지 않은 데다 도자기의 원료인 점토와 그것
을 굽는 데 필요한 나무를 구하기 쉽고, 우이천 같은 북한산 계
곡에서 어렵지 않게 물을 구할 수 있었기에 도자기 가마들이 여
럿 들어섰던 것으로 보인다.

　조선시대 육조의 하나로서 도자기를 굽는 도요공陶窯工을 비롯
해 여러 분야의 공장工匠 관련 업무를 총괄했던 공조판서의 묘가
2012년에야 발견되는 등 높고 깊은 북한산에는 아직까지도 조

사되지 않아 베일에 싸여 있는 구역이 적지 않다. 과연 북한산은 앞으로 또 어떤 역사적인 발견들로 우리를 놀라게 할까? 앞으로 북한산에 오를 땐 발밑을 좀더 유심히 살피며 걸을 일이다.

'백제 500년'의 역사가 드러나다?

풍납토성
######################

게르만 용병 오도아케르가 서로마제국을 멸망시킬 즈음 오늘날 풍납동 일대에서도 한 왕조가 스러져가고 있었다. 서기 475년, 지금의 광진구에 있는 아차산성을 떠난 고구려군이 한강 건너편에 있는 백제 왕성으로 들이닥쳤다. 개로왕을 비롯한 왕족 대부분이 몰살되었고 군사와 주민들이 포로로 잡히면서 '한성백제'는 최후를 맞았다. 대략 기원전 18년부터 기원후 475년까지 무려 500년에 가까운 기간 동안 백제의 수도였던 것으로 추정되는 지금의 풍납동 일대에서 벌어진 일이다. 하지만 한성백제의 왕성인 하남 위례성이 정확히 어디였는지는 오랜 기간 베일에 싸여 있었다. 그 정체가 우리 눈앞에 드러난 것은 한 학자가 있었기에 가능했다. 이형구 선문대 석좌교수가 그 주인공이다.

대부분의 학자가 하남 위례성의 위치를 지금의 몽촌토성이나 경기도 하남시 춘궁동 일대였을 것이라 추정하던 1962년경부터 그는 홀로 풍납토성이 백제 초기의 왕성이라고 주장해왔다. 물론 일제강점기에도 풍납토성이 하남 위례성일 것이라는

지하철 5호선 천호역 인근의 풍납토성 북동쪽 부분.

이야기가 있긴 했지만 그저 방어용 성곽 정도로만 인식되었을 뿐 그리 큰 주목을 받진 못했다.

풍납토성의 비밀이 조금씩 밝혀지기 시작한 건 1997년, 이 교수가 설 연휴 기간에 아파트 건설을 위한 터파기 공사 현장에 몰래 들어가 다량의 백제 토기 파편을 수습해 공론화시키면서부터였다. 마침내 발굴작업이 시작되어 어마어마한 양의 유물들이 쏟아져 나오면서 풍납토성이 곧 하남 위례성일 것으로 추정할 수 있게끔 해주는 증거들이 속속 튀어나왔다. 1925년 을축년 대홍수로 유실되어 볼 수 없는 서쪽 벽을 포함해 둘레가 자그마치 약 3.5킬로미터에 이르는 국내 최대 규모이자 아시아 최대 규모의 판축토성(나무기둥을 세우고 나무판을 댄 뒤 진흙과 모래, 나무껍질 등을 켜켜이 쌓아 만든 성)인 이 풍납토성이야말로 한성백제의 왕성이었던 하남 위례성일 가능성이 가장 크다는 주장이 힘을 얻었다.

학계의 통설을 거슬러 이전에는 없던 '도심 고고학'의 서장을 연 풍납토성 발굴…. 그러나 발견이 던져준 숙제는 여전히 해결되지 않고 있다. 대표적으로 문화재청이 첫 발굴에 나선 지 거의 20년, 본격적인 발굴에 나선 지 10년이 넘었지만 풍납토성이 백제의 왕성이었다는 '결정적 증거'가 아직 발견되지 않았다. 유적 규모가 왕성이라 하기에는 턱없이 작다는 지적도 나온다. 풍납토성 면적이 약 56만 2000여 제곱미터인데 반해, 당시 백제의 라이벌이었던 고구려의 평양 안학궁은 궁궐만 33만여 제곱미터, 왕성까지 합하면 1322만여 제곱미터 규모였던 것으로 추정된다. 일각에서 풍납토성을 왕성이 아니라 군사용 성으로 보는 까닭이 여기에 있다.

또다른 것은 '돈' 문제다. 풍납토성이 정말 왕성인지 아닌지를 알아보기 위해서는 전면 발굴이 필요한데, 그러려면 성안에 거주하는 1만 8870여 세대의 주민들을 보상금을 주고 다른 곳으로 이주시켜야 한다. 물론 주민들이 희망하는 액수는 그보다 많지만 보상금으로만 약 2조 4905억 원이 필요할 것이라고 문화재청은 예상하고 있다. 그나마 지금까지 보상한 금액은 고작 4700억 원 정도에 불과하다. 나머지 금액을 모두 보상하려면 단순 계산으로도 앞으로 80년 이상이 걸린다.

1994년 조선이 한양을 도읍으로 정한 지 600년이 되었다며 '서울 정도定都 600년' 행사를 대대적으로 연 적이 있다. 하지만 한성백제와 같은 고대까지 거슬러 올라가면 서울 정도의 역사는 2,000년을 훌쩍 뛰어넘는다. 비록 그 역사의 중심 현장에서는 이곳이 정말 왕성인지 아닌지 확신하지 못하고 있고, 또 주민의 '재산권' 보호와 '문화재 보존' 사이에서 갈등과 대립이 계속되고 있는 실정이지만.

붉은 벽돌집의 정체

딜쿠샤

독립문사거리에서 사직터널 방향으로 올라가다 보면 오른쪽에 터널 위쪽으로 향하는 도로가 나온다. 그 길을 따라 조금만 오르면 왼쪽으로 커다란 은행나무가 한 그루 보이는데, 임진왜란 때 행주대첩을 이끈 권율 장군의 집터로 알려진 곳이다. 이번 목적지는 바로 그 앞에 있는 2층짜리 붉은 벽돌집 '딜쿠샤Dilkusha'다.

페르시아어에서 유래한 힌두어 낱말로 '행복한 마음'을 뜻하는 딜쿠샤는 19세기 말 금광 기술자로 들어온 이후 UPI 통신의 전신인 UPA 통신원을 겸했던 앨버트 테일러 가족의 집이었다. 테일러가는 그저 단순한 외국인 가족이 아니었다. 의도했든 의도하지 않았든 격동의 한국사 한복판에 있었다. 안주인인 메리 린리 테일러가 3·1운동이 벌어지기 하루 전인 1919년 2월 28일, 지금의 서울역 앞 연세빌딩 자리에 있던 세브란스병원에서 첫아들 브루스 테일러를 낳으면서 이야기는 시작된다.

앨버트 테일러는 마침 3월 3일로 예정된 고종의 장례식과 관련한 일들을 취재하느라 날이 어둑해진 뒤에야 병원에 도착해

'행복한 마음'을 뜻하는 딜쿠샤.

부인과 갓 태어난 아들을 만날 수 있었다. 일이 벌어진 것은 그때였다. 아들을 안아드는 순간 강보 밑에 감춰져 있던 한 뭉치의 종이가 바닥에 떨어졌다. 바로 다음 날 있을 3·1독립만세운동을 위해 인쇄해놓은 독립선언서였다. 일본 경찰의 수색과 감시가 심해지자 한 간호사가 급한 대로 신생아 강보 밑에 감췄던 것이다.

앨버트 테일러는 동생에게 즉시 독립선언서를 갖고 일본으로 가게 했다. 당시에는 일본까지 가야만 해저전신망을 통해 미국에 전보를 보낼 수 있었기 때문이다. 이런 우여곡절 끝에 드디어 조선인들이 일제에 저항해 거국적으로 일어서고 있다는 사실이 전 세계에 알려질 수 있었다. 그의 특종은 이어졌다. 일제가 3·1운동을 탄압하는 과정에서 자행한 '수원 제암리 학살사건' 현장을 취재해 국제사회에 고발하고 하세가와 요시미치 조선 총독과 담판을 벌여 잔혹한 학살을 잠시나마 막을 수 있었다.

근현대사의 여러 장면이 그렇듯 딜쿠샤의 정체가 밝혀진 것도 채 10년이 되지 않는다. 2006년 브루스 테일러 씨가 여든일곱의 나이로 방한하면서 비로소 그 집의 비밀이 드러난 것이다. 현재 서울시와 종로구청이 딜쿠샤를 문화재로 지정하기 위해 애쓰고 있다고 한다. 비록 늦은 감이 없지 않지만 잊고 지내온 과거를 지금이라도 보듬으려는 노력은 반가운 일이다.

대한제국 황실의 마지막 안식처

창덕궁 낙선재

조선의 궁궐에는 언제까지 사람
이 살았을까? 놀랍게도 1989년 4월 말일까지다. 여든여덟을 일
기로 생을 마친 '영친왕의 비' 이방자 여사가 주인공으로, 그가
살았던 곳은 창덕궁 안에 있는 낙선재였다.

낙선재라는 이름은 군자의 덕목 중에서도 으뜸이 되는 '선善'
을 즐긴다는 데서 온 것으로 '임금이 선행을 베풀면 세상이 편
안해진다'는 의미가 숨어 있다. 창덕궁의 다른 건물들과 달리
단청이 없어 수수한 멋을 풍긴다.

그런 낙선재가 세워진 것이 1847년의 일이니 임진왜란이 끝
난 뒤 조선의 정궁으로 기능했던 창덕궁의 여러 건물들 가운데
비교적 역사가 짧은 편이라고 할 수 있다. 하지만 그 쓰임새는
남달랐다. 일제강점기였던 1917년 창덕궁에 큰불이 나자 순종
이 낙선재로 이어해온 것이다.

이후 낙선재는 대한제국 황실의 마지막을 전하는 건축물로
역할을 이어갔다. 순종의 비였던 순정효황후를 비롯해 순종의
이복동생이자 마지막 황태자인 영친왕과 그의 비 이방자 여사,

'달빛기행' 중 만날 수 있는 창덕궁 주합루(위)와 어수문(아래).

그리고 고종의 고명딸 덕혜옹주 들이 모두 낙선재와 그 부속 건물에서 숨을 거뒀다. 한마디로 대한제국 황실의 마지막 안식처였다고 할 수 있다.

행인지 불행인지 일제강점기에 수많은 궁궐 전각들이 헐려나갈 때도, 그리고 한국전쟁의 포화 속에서도 낙선재는 별다른 화를 입지 않았다. 그래서인지 낙선재 주변에는 순종이 탄생한 관물헌과 순정효황후가 머물던 석복헌, 덕혜옹주가 기거했던 수강재, 그리고 낙선재 일곽을 굽어볼 수 있는 취운정 등이 그대로 남아 있다.

낙선재 주변을 걷다 보면 철 따라 매화와 살구꽃, 앵두꽃 등이 만발해 있는 것을 볼 수 있다. 가을에는 단풍이, 겨울에는 설경이 더없는 아름다움을 뿜낸다. 비운의 역사와는 관련 없어 보이는 그 화려함에 망국의 비애가 더 처절하게 느껴지곤 한다.

최근에는 매년 봄·가을 음력 보름마다 보름달과 창덕궁의 아름다움을 함께 느낄 수 있는 '달빛기행'이라는 이름의 야간 개방 행사가 이어지고 있다. 아름다움도 아름다움이지만 대한제국의 마지막 숨결을 느껴보기 위해서라도 꼭 한 번 방문해볼 만하다.

600여 년의 풍파를 견뎌온 문화유산

한양도성

걷기 열풍이 어느덧 서울에까지 불어닥쳤다. 한때 눈길도 두지 않던 한양도성길이 새로운 도보 여행 코스로 떠오르고 있다. 총길이가 18.6킬로미터나 되어 규모 면에서 여느 올레길이나 둘레길에 뒤지지 않는데, 특히 전체 구간 가운데 12킬로미터 정도는 성벽과 나란히 걸을 수 있어 역사와 자연을 함께 만끽하기에 제격이다.

한양도성을 축조하기 시작한 것은 지금으로부터 600여 년 전인 1396년경이다. 태조 이성계가 새 왕조를 개창하면서 고심 끝에 지금의 서울을 수도로 정한 뒤 도성을 쌓도록 했는데, 전란을 겪으며 파괴되기도 했지만 몇 차례 보수를 통해 성으로서의 기능을 잃지는 않았다.

그랬던 한양도성이 대대적으로 파괴되기 시작한 것은 일제가 조선을 강제병합하기 직전이었다. 일본 황태자의 한양 방문을 전후해 숭례문 옆의 성벽이 헐려나갔고, 전찻길을 낸다는 이유로 흥인지문의 성벽이 철거되었다. 사대문 가운데 하나인 돈의문은 일제 때 헐린 뒤 여지껏 빈 자리로 남아 있으며, 사소문

한양도성은 조선 태조 때 쌓기 시작한 이래 현대에 들어서까지도 지속적으로 보수되고 있다.

에 해당하는 혜화문과 광희문의 처지도 별반 다르지 않아 도로 확장과 함께 원래 위치에서 비켜난 곳에 서 있다.

최근 걷기 열풍과 함께 한양도성을 복원하려는 움직임이 활발해지는 모양이다. 인왕산 정상 부근의 성벽이 다시 세워졌고 숭례문에서 남산으로 이어지는 성벽도 새로 쌓아올렸다. 남은 구간의 성벽도 지속적으로 복원해나갈 예정이라고 한다. 또 도로 때문에 성벽을 잇기가 여의치 않은 숭례문과 혜화문 그리고 돈의문 터 근처는 일단 성벽이 지나는 자리의 보도블록 색깔을 달리하는 식으로 성벽의 흔적을 보여주고 있다.

간과해서는 안 될 점 또한 분명 존재한다. 새 돌의 색깔이 너무 밝아 옛것과 어울리지 않는다거나, 기계로 다듬은 느낌이 지나치게 강하다는 지적을 쉽게 흘려들어서는 안 된다. 옛 모습을 되찾아주려는 노력도 좋지만 빨리 지으려고만 하다 자칫 안 하느니 못한 날림공사가 될까 우려스럽다. 나아가 '복원'이라 이름 붙인 일련의 재건축 작업들이 한양도성의 '진정성'을 해치는 것은 아닌지 본질적인 차원에서 더 깊이 고민해봐야 한다.

전 세계적으로 유례가 드물 만큼 유서 깊은 수도로서 성곽 대부분이 남아 있는 서울. 비록 그동안 외세에 의해 철거되거나 문화재에 대한 인식이 낮아 스스로 파괴하는 우를 범하기도 했지만, 한양도성 복원 작업을 계기로 그러한 세태에도 조금씩 변화가 오지 않을까 싶다.

한양도성을 축대 삼은 동네

행촌동·장충동·혜화동

새문안길 꼭대기에 자리한 강북 삼성병원에서 서울교육청을 지나 종로구 행촌동 쪽으로 걷다 보면 유네스코 세계문화유산에 잠정등록된 한양도성을 만날 수 있다.

그런데 성곽을 따라 다세대주택으로 빼곡한 동네 안으로 들어가면 이내 성곽이 시야에서 사라진다. 성곽이 허물어져 그런 것이 아니다. 자세히 관찰해보면 다세대주택 1층 주차장 안쪽으로 성곽 구조물이 보인다. 일부는 건물의 축대로 쓰이고 있고, 어떤 부분은 아예 건물의 벽 역할을 하고 있다. 한양도성 성벽이 마치 개인 사유물마냥 이용되어온 흔적이다.

수난 현장은 행촌동에만 있지 않다. 중구 장충동 일대에서도 한양도성은 개인 집이나 연립주택, 공장의 축대나 담장 따위로 이용되고 있다. 심지어 학교나 공공시설물까지 성곽을 눌러 앉고 들어섰다. 성곽 위에 담장을 두르고 그 안쪽에 건물을 올린 성북구 혜화동의 경신고등학교가 대표적인 예다. 1940년에 지어진 이래 대법원장 공관에 이어 최근까지 서울시장 공관으로

한양도성을 담장이나 축대로 삼고 있는 경신고등학교(위)와 장충동 주택가(아래).

쓰였던 건물도 마찬가지인데, 이 건물은 아예 성곽 위에 자리 잡고 있는 형국이다.

그나마 다행스러운 점은 유네스코 세계문화유산에 잠정등 재된 이후 한양도성에 대한 사회적 관심이 높아지고 있다는 것 이다. 서울시장 공관만 하더라도 2014년 시장의 거처를 종로구 가회동으로 옮기면서 시민사회에 개방해, 지금은 한양도성 안 내센터로 활용하고 있다.

또 문화재인 한양도성 주변에 위치한 탓에 그동안 개발이 쉽 지 않았고 심지어 슬럼화되고 있는 동네를 특색 있는 '성곽마 을'로 조성하는 사업이 최근 시작되었거나 조만간 속개될 예정 이다. 사직터널 근처의 행촌동 일대와 대학로 뒤쪽의 이화마을 과 장수마을, 한양도성의 동쪽에 면한 성북동 언저리의 북정마 을 등이 그 대상이다.

그동안 한국은 문화재 정비를 구실로 주민들을 원래 삶의 공 간에서 몰아낸 예가 적지 않았다. 이제는 개인의 주거권도 중시 하면서 동시에 문화재도 돋보이게 할 수 있는 아이디어가 필요 한 시대가 되었다. 또 그 성과들이 조금씩 나타나고 있다. 한양 도성을 축대 삼은 탓에 알게 모르게 싫은 소리를 들어온 동네가 그 성곽을 매개로 역사와 문화가 살아 숨 쉬는 마을로 재탄생할 수 있기를 기원한다.

3장

그날의 현장을
찾아서

남북 대결 시대의 상흔

북한산 우이령길

얼마 전 북한산에 다녀왔다. 엄밀히 말하면 북한산이라기보다는 북한산 둘레길, 그중에서도 6.8킬로미터 구간의 우이령길을 걸었다.

불과 몇 년 전까지만 해도 우이령길은 걷고 싶다고 아무 때나 걸을 수 있는 길이 아니었다. 1968년 벌어진 뜻밖의 사건, 이른바 '1·21사태' 탓이다.

당시 휴전선을 넘은 김신조를 포함한 북한의 민족보위성 정찰국 소속 124군 6기지 특수부대원 31명은 낮에는 잠을 자고 밤에만 이동하는 식으로 남하를 계속했다. 그런 방식으로 청와대 500미터 앞까지 다다르는 데 걸린 시간은 고작 사흘. 놀란 것은 박정희 정권만이 아니었다. 이틀 뒤인 1월 23일에는 원산 앞바다에서 미 해군 함정 푸에블로호가 북에 나포되면서 한반도는 그야말로 전쟁 직전의 상황으로 치달았다.

이 일련의 사건들은 그해 4월 '향토예비군 창설'과 11월 '주민등록제 강화', 12월 '국민교육헌장 선포' 등 내부 고삐를 바짝 죄는 조치들로 이어졌다. 동시에 정부는 백악산과 인왕산에 일반

우이령길 곳곳에 남아 있는 대전차 장애물.

인의 접근을 금지한 데 이어 우이령길까지 폐쇄해버렸다. 곳곳에 대전차 장애물과 철조망도 설치했다. 백악산과 인왕산은 청와대의 직접적인 경호를 위해, 우이령길은 예방 차원에서 취한 조처였다. 우이령길은 만약 북에서 백두대간과 한북정맥을 타고 내려올 경우 청와대 뒷산인 백악산으로 이어지는 길목에 위치해 있었기 때문이다.

그 상태로 41년이 흐른 지난 2009년, 군사분계선 관리가 안정화되면서 백악산이 개방됐고 우이령길 출입도 가능해졌다. 불행 중 다행이라고 해야 할까? 그 오랜 기간 사람들의 출입이 없다 보니 밤나무와 잣나무, 산갈나무와 단풍나무 등 일일이 세기 어려울 정도로 많은 나무들이 군락을 이뤄 북한산 내 어느 지역보다 자연 보존 상태가 좋다. 개방을 하긴 했지만 보존을 위해 예약을 거쳐 하루 1,000명까지만 탐방객을 맞는다.

하지만 거기까지다. 금강산 관광사업은 여전히 중단된 상태고 대대적인 시험운행 이벤트를 벌였던 남북 간 경의선과 동해선 철도는 여태 제구실을 못하고 있다. 남쪽의 안보 자신감은 높아졌지만 남북 사이에 도는 냉기는 여전한 듯하다.

최후의 바리케이드

유진상가

서대문구와 은평구 사이의 홍은동네거리에 가면 세운상가를 닮은 상가형 아파트를 만날 수 있다. 1970년 들어선 '유진상가'다. 동서 방향 길이가 200미터 남짓, 폭은 50미터 정도로 얼핏 봐도 상당히 육중한 모양새인데, 1층 전체와 2층 일부는 상가로 쓰이고 나머지는 주거용으로 이용되는 초기형 주상복합아파트다.

그 모습을 가만히 들여다보면 특이한 점이 눈에 띈다. 1층의 남북쪽 면에는 그저 기둥만 세워져 있을 뿐 하나같이 비어 있다. 나중에 비워진 게 아니라 처음부터 그렇게 설계한 것이다. 군사적인 목적 때문이다.

유진상가가 들어선 홍은동사거리 일대는 만약 북한군이 구파발을 돌파해 남하할 경우 서울의 마지막 방어선에 속한다. 거기가 뚫리면 무악재 너머로 바로 청와대를 비롯한 서울 한복판에 다다를 수 있다. 당국으로서는 북한군 전차에 대응할 수 있도록 튼튼한 진지를 구축할 필요가 있었다.

유진상가는 유사시 탱크 진지로 활용하기 위해 1층의 바깥

유진상가 옥상(위)과 1층(아래).

부분을 모두 비워두었다. 북한군의 곡사화기로부터 안전을 확보하기 위해 기둥 사이의 폭과 높이를 탱크 한 대가 쏙 들어갈 만한 규모로 설계한 것이다. 그뿐 아니라 당시 서울 시내의 다른 어떤 건축물보다 단위면적당 많은 콘크리트와 철근을 넣어 튼튼하게 지었다. 만에 하나 후퇴해야 할 경우 한쪽 기둥만 폭파하면 건물 전체를 동서 방향으로 길게 쓰러뜨릴 수 있는 치밀한 설계도 잊지 않았다. 건물 전체가 하나의 거대한 바리케이드이자 참호, 대전차 장애물이었던 셈이다.

그도 그럴 것이 유진상가가 지어지기 직전 한국은 한마디로 일촉즉발의 상황이었다. 우이령길을 닫게 한 1968년 1·21사태에 이어 그해 말에는 울진과 삼척 지역에 북한 무장공작원들이 침투하기까지 했다. 박정희 정권이 유사시 수십만 명을 수용할 수 있는 대피소로 활용하기 위해 남산 1~2호 터널을 파고 청와대 방어를 위해 북악스카이웨이를 뚫는 등 이른바 '서울 요새화 사업'을 벌인 이유다.

오늘날 유진상가나 남산터널, 북악스카이웨이를 두고 지난 시대의 남북 대결을 떠올리는 이들은 거의 없을 것이다. 남북의 대치 상황은 그때나 지금이나 별반 달라진 게 없지만 말이다. 서울 곳곳을 걸으며 지나간 시대, 그러나 여전히 해결하지 못한 과제가 산적한 이 땅의 현실을 생각해본다.

붕괴, 그 후 20년

서울은 정말 빠른 속도로 변해 간다. 기억하기 싫은 역사나 대형 사건사고가 일어난 곳이라면 더더욱 그렇다. 교대역에서 서울중앙지방법원을 지나 반포역 쪽으로 가다 보면 나오는 아크로비스타라는 대형 주상복합아파트 터가 그런 경우 중 하나다.

주변에 관공서와 아파트들이 밀집해 있어 잘 알아채기 힘들 수 있지만 그곳은 1995년 12월 1일, 500여 명 사망에 1,000명에 가까운 부상자를 내며 붕괴된 '삼풍백화점'이 있던 자리다. 삼풍백화점은 당시 여러 백화점 가운데 최고급으로 이름이 높았다. 그런데 1989년 세워진 건물이 채 6년도 지나지 않아 폭삭 주저앉아버렸다. 소유주의 탐욕과 경영진의 무책임함 그리고 그것들을 용인한 한국 사회의 허술한 시스템 때문이었다.

삼풍건설산업은 애당초 아파트 상가로 짓던 건물을 백화점으로 급히 바꾸어 지었다. 이때 4층짜리를 억지로 5층으로 높였는데 정작 구조 보강은 제대로 하지 않았다. 쇼핑 공간 확보를 위해 벽을 무리하게 텄으며 에스컬레이터를 설치하면서 바

양재 시민의 숲 한쪽에 자리한 '삼풍 참사 희생자 위령비'.

닥과 천장도 뚫었다. 결과적으로 몇 개 안 남은 기둥에 쏠리는 하중이 커질 수밖에 없었다. 그나마 철근도 제대로 넣지 않아 삼풍백화점은 붕괴 시작 단 20여 초 만에 무너져내리고 말았다.

삼풍백화점 붕괴사고는 사실상 예고된 인재였다. 붕괴되기 일 년 전부터 이미 벽과 바닥에 금이 가는 현상이 발견됐고, 사고 며칠 전부터는 천장에서 시멘트 가루가 떨어지고 건물이 기울기 시작하는 등 조짐이 나타났다.

건물도 비정상이었지만 더 심각한 것은 백화점 관계자들의 도덕적 해이였다. 건물이 무너지고 있는 것이 명확한 상태였음에도 매출에 지장을 줄까봐 영업을 강행했다. 그러면서도 이준 삼풍그룹 회장과 그의 아들 이한상 사장은 대피방송도 하지 않은 채 밖으로 나와 목숨을 건졌다!

현재 '양재 시민의 숲' 한쪽 구석에 위령비가 서 있다. 그러나 그뿐, 아크로비스타 근처에는 당시 한국전쟁 다음으로 큰 인명 피해를 냈다는 삼풍백화점 붕괴사고와 관련한 그 어떤 기록이나 흔적도 없다.

과연 삼풍백화점 붕괴사고를 이토록 쉽게 잊어도 되는 걸까? 삼풍백화점 붕괴사고가 있은 지 20년 가까이 흐른 지금도 인재에 기반한 사고가 끊이지 않기에 염려를 거둘 수가 없다.

'사직동팀'은 추억일 뿐?

서울시립어린이도서관

종로구 사직동에 있는 서울시립 어린이도서관은 원래 도서관으로 지어진 건물이 아니다. 알록 달록한 겉모습과 달리 청와대의 특명 사건을 담당하던 경찰청 형사국 조사과가 입주해 있던 건물이다. 본 명칭보다 '사직동 팀'이라는 별칭으로 더 유명했던 조직이다.

사직동팀의 역사는 1972년 여름으로 거슬러 올라간다. 김현 옥 당시 내무장관이 "미국 FBI와 같은 조직을 만들라"고 지시 하면서 경찰청의 전신인 치안본부 내에 '특별수사대'가 창설되 었다. 애초 설립 목적은 대통령 친인척을 비롯해 정치인과 고위 공직자들의 비위, 기업인들의 외화 해외도피 같은 청와대의 직 접적인 하명 사안들에 대한 정보 수집에 있었다.

그러나 인간의 역사는 한결같이 보여준다. 한 조직에 과도 한 힘이 집중되면 전횡이 일어난다는 것을. 결국 활동 4년 만 인 1976년 특별수사대는 청와대의 하명 사건을 맡는 '특수1대' 와 치안본부의 자체 기획수사를 담당하는 '특수2대'로 분리되 었다. 그 특수1대가 바로 서울시립어린이도서관 건물에 둥지를

한때 '사직동팀' 사무실로 쓰였던 현 서울시립어린이도서관.

틀었던 일명 사직동팀이다.

문제는 그렇게 조직이 분리된 뒤에도 권력 남용이 근절되지 않았다는 점이다. 일반 시민은 말할 것 없고 유력 정치인과 기업인, 심지어 승려까지 데려가 고문을 하고 때로 죽음에 이르게 했다. '남산'(안기부)과 '남영동'(치안본부 대공분실), '서빙고호텔'(보안사 서빙고분실) 등의 피비린내 진동하는 '고문 기구'들과 함께 오랜 기간 악명을 떨쳤다.

그렇다면 민주화 이후에는 개혁이 이뤄졌을까? 특수2대는 경찰청의 공식적인 '특수수사과'로 재조직되었고, 특수1대인 사직동팀은 2000년 김대중 정부 때 폐지되었다. 그로부터 10년이 흐른 2010년…. '국무총리실 산하 공직윤리지원관실'이 공무원이 아닌 민간인들을 최소 3년 동안 불법적으로 사찰해온 사실이 만천하에 드러났다. 그 뒤 한동안은 국가정보원의 대선 개입 의혹과 그에 대한 경찰의 축소·은폐 수사 논란으로 온 사회가 떠들썩했다.

동서고금을 막론하고 권력은 자신들에 대한 비판에 늘 촉각을 세운다. 정당성이 떨어지는 권력일수록 사찰이나 정보기관을 불법적으로 동원하는 일을 서슴지 않으며, 그런 권력의 그림자들은 언제든 '괴물'이 될 준비를 하고 있다. 시민사회의 일상적인 감시와 견제가 필요한 까닭이다.

'여우사냥'과 사라진 비석

경복궁 건청궁

경복궁 안쪽 가장 깊숙한 곳에 건청궁이라는 '궁 안의 궁'이 있다. 1873년 역대 임금들의 초상화인 어진을 봉안하려 지은 것으로 궁궐 내 다른 전각들과 달리 단청을 하지 않은 양반가의 모습을 하고 있다.

건청궁은 구한말 최악의 사건 중 하나가 일어난 현장이기도 하다. 1895년 일본인들이 '여우사냥'이라는 작전명으로 조선 왕비인 민비를 시해한 '을미사변'이 일어난 곳이 바로 건청궁이었다. 일본이 국제적인 비난을 감수하고서까지 민비를 살해한 것은 그녀가 당시 일본의 잠재적 경쟁국이던 러시아와 이해관계를 함께하고 있었던 탓이다.

을미사변이 벌어지기 한 해 전, 청일전쟁 승리를 통해 한반도에서 청국을 몰아내고 조선 내정에 관여할 수 있는 길을 튼 일본은 박영효와 김홍집 등 친일 내각을 바탕으로 세력 확장에 힘을 쏟고 있었다. 또 그때까지 청국 관할이던 대만과 펑후澎湖제도를 차지했고 심지어 청국 수도인 북경 지척의 요동반도까지 손에 넣었다.

2007년 복원한 건청궁 전경.

을미사변이 벌어진 건청궁 곤녕합 옥호루.

그때 등장한 것이 러시아였다. 일본 차지가 된 요동반도와 러
시아가 사활을 걸고 관심을 기울이던 만주 지역 간의 거리가 가
깝다 보니 프랑스·독일과 함께 이른바 '3국 간섭'에 나선 것이
다. 결국 러시아는 요동반도에서 일본군을 철수시키는 데 성공
했는데, 조선 정부도 그에 화답하듯 박영효 등 친일 인사들을 축
출하고 친러파를 등용하기에 이른다. 지금은 대표적인 친일부
역자로 알려져 있는 '친러파' 이완용이 부각한 것도 그때였다.

일본이 민비를 살해한 이유가 바로 거기에 있었다. 당시 조선
에서 이 같은 움직임을 진두지휘한 인물이 바로 민비였기 때문
이다. 일본은 반일세력의 핵심이자 러시아와의 연결 고리였던

복원 전 건청궁 자리에 있던 '명성황후 조난지지' 비.

민비를 제거함으로써 조선에서의 영향력 확대를 꾀하려 했다.

그러나 지금은 건청궁에 간다 한들 그와 관련한 흔적을 찾아볼 수 없다. 일제가 철거했던 건청궁을 2007년 복원해 일반에 개방했다지만 거기까지다. 시민들이 영원한 적도 친구도 없는 냉혹한 국제정치의 현실 속에서 지도층의 무능이 불러온 적나라한 풍경들을 떠올리는 것이 불편해서일까? 아니면 그 역사에서 얻을 교훈이 없다고 생각했기 때문일까? 해방 뒤 한 나라의 왕비가 일본인에 의해 살해된 장소를 잊지 말자는 뜻에서 세운 '명성황후 조난지지遭難之地' 비는 복원공사 도중 뽑혀나간 뒤 여태 국립고궁박물관 지하 수장고에서 잠자고 있다.

누구도 말해주지 않는
역사의 내막

러시아공사관 첨탑

　　　　　　　　정동은 사대문 안에서도 상당히
고즈넉한 동네 중 하나다. 특히 돌담길과 서울시립미술관은 주
말과 평일을 가리지 않고 연인이나 가족들로 붐비곤 하는데, 정
동로터리쯤에 다다르면 유독 눈에 띄는 건물 하나를 만날 수 있
다. 금색 공을 머리에 이고 있는 듯한 러시아대사관이다. 2002년
완공된 건물로 마치 '정동의 크레믈린'인 양 주변을 압도하는 규
모에 난공불락의 요새처럼 육중하고 견고해 보인다.

　반면 거기서 직선거리로 400미터 정도 떨어진 곳에 위치한
옛 러시아공사관 터에 가면 사뭇 다른 느낌을 받는다. 한국전쟁
때 파괴된 이후 지금은 첨탑만 덩그러니 남아 있어 황량함이 더
한데, 이 첨탑은 구한말 정동이 얼마나 가쁜 역사의 풍랑을 거
쳐왔는지 보여주는 살아 있는 증거다.

　지금이야 주변이 건물들로 빼곡해 지형적 특징이 잘 드러나
지 않지만, 러시아공사관이 들어선 19세기 후반만 하더라도 이
언덕은 미국과 영국 등 경쟁국들의 공관들이 한눈에 내려다 보
이는 더없이 훌륭한 입지였다. 그것은 당시 러시아의 위세를 보

정동에서도 가장 높은 곳에 자리 잡았던 러시아공사관.

여주는 바로미터이기도 한데, 이는 을미사변을 거치며 신변의
위협을 느낀 고종과 순종이 피신한 곳이 러시아공사관이었다는
데서 명확해진다. 1896년부터 약 일 년간 임금이 아관俄館, 즉 러
시아공사관으로 피신한 '아관파천俄館播遷'이 그 사건이다.

하지만 영원한 적도 동지도 없는 냉엄한 국제정치 현실에서
러시아 역시 여느 강대국과 다를 것은 없었다. 러시아는 아관파
천 석 달 뒤부터 일본과 네 차례에 걸친 비밀협상을 벌여 이른
바 '웨베르-고무라 각서'와 '로바노프-야마가타 의정서'를 주
고받는 등 장래에 필요할 경우 러일 양국이 조선을 공동 점거하
기로 밀약까지 했다.

그 사정을 알 길이 없던 조선 정부는 고종이 러시아공사관에

러시아공사관 첨탑 위에서 내려다본 중명전 일대.

머문 일 년 동안 압록강 연안과 울릉도의 삼림 채벌권, 경원과 종성 광산의 채굴권, 인천 월미도 저탄소 설치권 등 다양한 이권을 러시아에 내줬다. 결국 아관파천을 통해 고종의 안위는 잠시나마 보장받을 수 있었지만 조선의 국력은 나날이 야위어만 갔고 열강의 경제적 침략은 더욱 심화되었다.

　미국으로부터 전시작전통제권 환수가 사실상 무기한 연기되어 시끄러웠던 2014년 겨울, 언뜻 낭만적이고 한적한 동네 같아 보이는 정동의 러시아공사관 터를 다시 찾았다. 한쪽에서 발굴조사가 진행되고 있었다. 거기에는 가까운 과거에 러시아공사관이 있었다는 안내판만 설치되어 있을 뿐 그 내막에 대해서는 아무런 설명이 없었다.

'독립'의 또다른 의미

독립문

성산로와 의주로가 교차하는 지점에 커다란 돌문이 하나 서 있다. 조선이 중국과 일본, 러시아, 그 밖의 서구 열강에 맞먹는 자주독립국임을 국내외에 선포하기 위해 세운 것으로 알려져 있는 '독립문'이다.

본래 독립문 자리에 있던 것은 '맞이할 영迎' 자에 '은혜 은恩' 자를 쓰는 '영은문'이었다. 근처에 있던 '중국을 섬긴다'는 뜻을 지닌 모화관과 함께 한양에 당도한 중국 사신들을 맞이하기 위한 시설로, 지금은 독립문 앞에 영은문을 떠받치고 있던 돌기둥 두 개만이 우두커니 남아 있다.

독립문은 어떻게 영은문을 밀어내고 들어선 것일까? 세간에 알려져 있는 것과 달리 실질적으로 '사대주의의 상징'인 영은문을 헌 것은 독립협회나 조선 사람들이 아니었다. 1895년 청일전쟁에서 승리한 일본의 '묵인' 아래 기둥돌 두 개만 남겨놓고 모두 헐어버린 것이다. 그리고 나서야 서재필과 이완용 들이 조직한 독립협회가 그 자리에 독립문을 세웠다.

일제강점기 들어서는 더욱 신기한 일이 벌어졌다. 일본이 중

독립문이 들어서기 전 서 있던 영은문. 지금은 돌기둥 두 개만 남아 있다.

국 대륙에 대한 침략 야욕을 불태우던 1928년, 지금의 서울시
청에 해당하는 경성부청이 독립문을 대대적으로 수리한 것이
다. 1936년에는 아예 고적古蹟, 즉 문화재로 지정해 보호하기에
이르렀다.

  조선의 자주독립 의지가 녹아 있는 건축물이라고 알려져 있
는 독립문을 일제가 나서서 수리하고 보호한다? '왕의 나라' 조
선이 '황제의 나라' 대한제국이 되었음을 선포한 환구단을 철
거해버렸으며, 경복궁을 파괴하고 창경궁은 창경원이라는 동·
식물원으로 전락시켰던 전례에 비춰 보면 의아할 따름이다.

그 난해함의 단서는 앞서 1876년 조선과 일본이 맺은 강화도조약에서 찾을 수 있다. 조문을 살펴보면 "조선은 자주국으로서 일본과 평등한 권리를 갖는다"라는 조항이 있다. 청일전쟁에서 승리한 일본이 청국과 맺은 시모노세키조약 제1조에서도 "청국은 조선국이 완전한 자주독립국임을 인정한다"라고 명시하고 있다.

일본이 영은문 철거를 부추긴 것이나 청국과의 조약에서까지 굳이 조선의 자주와 독립을 운운한 까닭은 다른 데 있지 않았다. 조선에 대한 중국의 전통적인 종주국 지위를 청산함으로써 중국의 간섭 없이 조선을 지배할 수 있는 길을 트기 위한 노림수였다. 다시 말해 독립문의 '독립'은 완전무결한 조선의 자주독립 의지를 의미했던 것이 아니라 그저 중국으로부터의 독립을 의미했다. 그것도 순전히 일본의 입장에서.

독립문과 그 주변을 '서대문 독립공원'이라 부르며 성역화하다시피 하고 있는 오늘날의 풍경…. 그 이면에는 이처럼 씁쓸하면서도 놀라운 비밀이 숨어 있다.

'절반의 역사'만을 기억하는 역사관

서대문형무소

오랜만에 서대문형무소를 찾았다. 1908년 '경성감옥'이라는 이름으로 들어선 서대문형무소는 일제강점기 때 수많은 해방운동가들이 투옥됐던 곳이자 군사독재 정권 때는 민주화운동을 하던 이들이 수감됐던 곳으로, 인간된 권리를 완력으로 억압하던 권력에 대한 저항과 투쟁의 상징과도 같은 공간이다.

역사관으로 바뀐 이 형무소를 둘러보다 보면 아쉬운 부분이 한두 가지가 아니다. 먼저 1987년까지 약 80년 동안 기능했던 서대문형무소에서 기념하고 있는 것이 정작 전반기 40년 정도, 즉 일제강점기에만 국한되어 있기 때문이다. 해방 이후 '가둔 자'와 '갇힌 자'가 뒤바뀐 적이 없어 그런지 이승만과 박정희 정권 때 투옥되거나 '사법살인'을 당한 이들을 설명하는 대목은 고작 사진 한두 장이 전부다.

민족해방운동에 대한 설명이 충분한가 하면 그것도 아니다. 중국 동북3성과 연해주 일대에서 활약한 무상투쟁 세력이 해방 뒤 북한 정권 수립의 토대가 되었기 때문일까? 대한민국임

유관순 열사의 수형기록표.

시정부를 비롯한 보수 계열의 독립운동에만 집중하고 있을 뿐 공산주의와 사회주의 계열의 독립운동에 대해서는 충분히 조명하고 있지 않다.

전시 공간을 유독 '남성'에게만 할애하고 있다는 점도 눈에 띈다. 2013년경 여성 수감자들을 가둬두던 '여女옥사'를 복원해 일반에 개방하기는 했다. 1918년을 전후해 독립운동가들이 크게 늘어나면서 여성들만 따로 가두기 위해 지어진 뒤 지난 1979년 별다른 조사나 도면 한 장 남기지 않고 철거됐던 바로 그 여옥사다. 그런데 여옥사에는 유관순 열사와 같은 유명 인물 몇몇의 기록만 있을 뿐 그 외 수많은 학생과 노동자, 간호사 등의 여성 운동가들은 이름 석 자조차 기록되어 있지 않다.

서대문형무소 내부.

 전체 기간 중에서 딱 절반의 기간만을, 그것도 보수 독립운동
에만 한정하고, 그마저도 남성 중심으로만 관심을 두어온 서대
문형무소…. 서대문형무소가 방문자들에게 말하려는 것은 무엇
일까? 나아가 기억하고 기념하려는 것은 과연 어떤 역사일까?

 그 의문에 대한 해답의 일말은 관람객들이 남긴 낙서에서 엿
볼 수 있었다. 서대문형무소를 정치적 억압 수단으로 운용했던
또하나의 축인 독재정권들에 대한 지적은 찾아볼 수 없었다. 오
로지 일본을 원색적으로 비난하고 저주하는 내용 일색이었다.
'내부자'의 과오에는 관대하면서 '외부자'의 폭력성에만 집중
하고 있는 서대문형무소 역사관의 오늘…. 없는 내용을 끼워 넣
어도 문제지만 있는 내용을 애써 외면하는 것 역시 왜곡이다.

이리저리 떠도는 '반민특위' 표석

명동입구

명동은 여러 백화점 본점이 자리
잡고 있을 뿐 아니라 소상공인들의 역사도 어느 곳보다 오래됐
을 정도로 상업의 역사가 깊은 곳이다. 동시에 한국 정치사에서
도 의미 있는 곳 가운데 하나다. 대한민국 임시정부 요인들이
환국해 경교장과 함께 사용했던 한미호텔이 지금의 신한은행
명동역지점 자리에 있었고, 소극장의 원조 격인 삼일로창고극
장은 1975년 개관 이래 지금도 제자리를 지키고 있다. 그리고
또 하나. 해방 뒤 친일부역의 어두운 역사를 청산하기 위한 노
력의 중심지도 바로 명동이었다.

반민족행위특별조사위원회, 줄여서 '반민특위'라 부르는 이
기구는 대한민국 정부 수립 직후인 1948년 9월 제헌국회가 설
치한 것으로, 일제의 통치에 적극 협력했거나 독립운동가나 그
가족을 죽이거나 박해한 자들을 처벌하기 위해 제정한 반민족
행위처벌법을 실현하기 위한 특별위원회였다. 여론의 호응 속
에 친일 자본가인 박흥식 화신백화점 사장과 친일 경찰 노덕술,
친일 문인 최남선과 이광수를 포함해 모두 700명에 가까운 이

반민특위가 와해되기 직전인 1949년 9월 5일 중앙청에서 열린 반민특위 조사부 책임자회의를 마치고 촬영한 기념사진(위). 원 내의 인물은 반민특위 중앙사무국 총무과장 겸 조사관을 지낸 이원용 씨다. 현 명동 KB국민은행 명동영업부 빌딩 자리에 있던 반민특위 본부 청사(아래).

들을 조사하고 200여 명을 기소하는 등, 반민특위는 친일부역 자를 단죄하기 위한 작업들을 착착 진행해나갔다.

그러나 기소된 자들 가운데 최고형인 사형이 집행된 이는 단한 명도 없었다. 거의 대부분 그대로 풀려났다. 반민특위의 무능이 빚어낸 결과는 아니었다. '정의 실현'보다는 '질서 유지'를 우선시했던 미군정청의 뜻에 따라 친일부역자들이 다시금 권력을 쥔 현실에서 친일 청산은 쉽지 않았다.

결정적으로 친일부역자들의 경제적·물리적 힘에 기대 장기 독재를 꿈꾸던 이승만 입장에서는 반민특위의 존재 자체가 달 가울 리 없었다. 그는 반민특위가 체포한 이들이 정부를 세우는 데 공헌한 이들이자 북을 견제하기 위해 필요한 반공주의자라 며 석방을 종용했다. 급기야 경찰을 동원해 완력으로 방해하는 것도 서슴지 않았다. 결국 반민특위는 일 년을 채 버티지 못하 고 강제로 해산되었다.

친일 청산을 위해 노력하던 이들이 거꾸로 친일부역자들에 게 청산되어버린 또 한 번의 쓰라린 역사…. 친일부역자들은 이 후 반공주의자로 둔갑해 시민사회를 억압하고 민주화 요구를 묵살하며 독재정권의 전위대이자 몸통 그 자체가 되었으니, 미 완의 역사 청산이 남긴 후과치고는 참으로 고약한 결말이다.

다행히 지난 역사를 모두가 잊고만 있는 건 아니었나보다. 반

지하주차장 구석으로 옮겨진 표석.

민특위가 해산된 지 50년 만인 1999년, 일제 잔재 청산에 주력하는 민간단체인 민족문제연구소가 반민특위가 있던 KB국민은행 명동영업부 빌딩 화단에 그 역사적 사실을 알리는 표석을 세웠다. 비록 사람들이 별로 다니지 않는 골목 안쪽에 세워져 일부러 찾아보지 않으면 쉽게 발견하기 힘들지만, 그 역사를 쉽게 흘려보내지 않고 역사 교훈의 현장으로 삼으려는 노력은 의미 있는 일이었다.

그리고 다시 2015년 초, 우연히 그곳을 지나다 반민특위 표석이 원래 자리에서 지하주차장 입구로 옮겨진 것을 발견했다.

역사적 감수성이 희미해져가는 이 시대의 또다른 징표일까? 너무 구석진 곳으로 바짝 옮겨버려 표석의 왼쪽 면과 뒷면은 읽을 수조차 없었다.

장소는 기억을 지배하고, 기억은 의식을 지배한다고 했다. 다시 있어서는 안 될 그리 오래되지도 않은 과거를 잊지 않으려 설치하는 표석마저 정부나 지자체가 아닌 민간단체가 나서서 세우고, 그마저도 이리저리 수난을 당하는 현실이 해방 70주년을 맞는 한국 사회의 처량한 민낯이다.

그는 그곳에 폭탄을 던진 적이 없다

종각사거리

김상옥의거터
金相玉 義擧址

1923년 의렬단(義烈團)원
김상옥의사가 일제의
종로경찰서에 폭탄을 던져
의거한자리

종각사거리 주변을 걷다 보면 기나긴 역사의 흔적들과 조우하게 된다. 조선시대 시각을 알리던 보신각을 비롯해 한양의 중심 도로였던 종로와 서민들의 삶의 냄새가 배어나오는 피맛길 등 옛부터 이어져온 역사의 숨결을 어렴풋하게나마 느낄 수 있다. 특히 얼마 전까지만 해도 종각사거리 북서쪽, 그러니까 한국스탠다드차타드은행 본점과 종로타워 사이로 난 우정국로 초입에는 화강석으로 된 작은 표석이 서 있었다. 거기에는 이런 글귀가 쓰여 있었다.

김상옥 의거 터─1923년 의열단원 김상옥 의사가 일제의 종로경찰서에 폭탄을 던져 의거한 자리.

일제강점기였던 1923년 의열단원이었던 김상옥 의사가 그곳에 있던 종로경찰서에 폭탄을 던졌다는 뜻이리라. 그러나 유감스럽게도 김상옥 의사의 의거 당시 종로경찰서는 그곳에 없었다. 1923년 종로경찰서가 있던 곳은 종로 YMCA 빌딩 왼쪽

1995년 설치된 '김익상 의사 의거 터' 표석(위)과 8년 뒤인 2003년 설치된 '한국통감부·조선총독부 터' 표석(아래).

에 있는 장안빌딩 자리이며, 1929년에 가서야 표석이 서 있는 한국스탠다드차타드은행 본점 자리로 이전했기 때문이다. 마치 상암월드컵경기장 앞에 88서울올림픽 기념비를 세운 꼴이었는데, 최근에야 장안빌딩 앞쪽으로 표석을 옮겼다.

오류는 다른 곳에서도 발견할 수 있다. 세종로의 경우만 하더라도 조선시대 한성부와 호조, 기로소와 우포도청 터를 알리는 표석의 위치가 잘못되어 있다. 또 남산 중턱의 서울애니메이션센터 앞에 서로 50미터 간격을 두고 서 있는 '김익상 의사 의거 터' 표석과 '한국통감부.조선총독부 터' 표석은 함께 세우거나 내용을 합쳐 하나만 설치해야 했다. 둘 다 같은 장소를 대상으로 하고 있기 때문인데, 지금대로라면 시민들이 자칫 두 역사적 사실을 별개의 사안으로 받아들이거나 맥락을 이해하지 못할 여지가 있다.

서울시가 표석을 설치한 이유는 국제적 이목이 집중된 1986년 아시안게임을 앞두고 "한국 문화의 우수성을 알림과 동시에 교육적인 자료로도 활용하기 위해서였다"고 한다. 그로부터 약 30년이 흐른 지금, 서울 시내에 산재해 있는 320여 개의 표석들은 형태와 재질, 문안의 형식 등이 모두 제각각인 데다 설치 위치와 내용상의 한계마저 적지 않다. 더불어 시민들의 혼란도 가중되고 있다.

최초의 신식무기 공장

번사창

삼청동길을 따라 삼청공원 쪽으로 가다 보면 이내 한국금융연수원에 닿는다. 거기서 정문을 지나 안쪽으로 들어가면 주변 분위기와는 사뭇 다른 검은색 벽돌 건물이 나타난다. 구한말 무기 제조를 담당하던 관청인 기기국에 속해 있던 번사창이다.

'번사'는 흙으로 만든 거푸집에 금속용액을 넣어 주물을 만들 때 이리저리 모래를 뒤치는 것을 뜻하는데, 번사창은 조선왕조의 마지막 대형 무기공장이자 최초의 근대적 신식무기 공장 가운데 하나다. 애초 무쇠를 단련하던 숙철창과 나무도구를 다루던 목양창, 동을 제련하던 동모창, 그리고 창고 용도의 고방 등도 함께 있었던 것으로 보이지만 지금 남아 있는 것은 번사창뿐이다. 무기 제조 과정에서 나오는 열과 가스가 외부로 잘 배출되게끔 맞배지붕 위쪽에 다시 작은 굴뚝지붕을 두어 바람을 통하게 한 번사창의 구조에서 다른 시설들의 모습을 가늠해볼 뿐이다.

번사창 등이 들어선 것은 1876년 강화도조약과 깊은 관련

열과 가스 배출을 위해 굴뚝지붕을 둔 변사창.

이 있다. 강화도조약의 서막을 알린 운요호사건 때 일본의 근대화된 군사력에 눌려 불평등조약을 맺을 수밖에 없었던 조선이 신식무기의 위력에 눈을 뜬 것이다. 조선 정부는 강화도조약 5년 만인 1881년, 그나마 우군이었던 청나라에 서양식 총포와 탄약 등 신식무기 제조법을 배워 오도록 영선사領選使를 파견한다.

그런데 영선사 일행은 청나라에 채 일 년을 머무르지 못했다. 부족한 재정이 걸림돌이 되었고, 조선에서 임오군란이 터지면서 급거 귀국길에 올라야만 했다. 근대 과학기술과 신식무기 제조법을 배우기에는 턱없이 부족한 시간이었으나 그래도 1883년 번사창을 비롯한 무기공장 착공에 들어가 이듬해 완공을 보기는 했다.

조선이라는 나라가 확실히 기울고 있었구나 하는 것을 알 수 있게 해주는 지점은 바로 이 대목이다. 어렵사리 공장을 돌리는 듯했지만 완공 10년 뒤인 1894년에 동학농민운동과 뒤이어 청일전쟁까지 터지면서 일본이 조선 내의 모든 무기공장을 폐쇄해버린 것이다. 그리고 일제의 침략이 본격화된 이후에는 아예 문을 닫아걸게 했다. 한 발 늦게나마 자강을 위해 제도를 바꾸고 신식무기를 만들려는 시도를 했지만, 욱일승천하는 일본의 위세 앞에서 그 뜻은 힘없이 좌절되고 말았다.

그 뒤 일제강점기에는 세균실험실로 용도가 바뀌었고 해방 뒤에는 중앙방역연구소와 국립사회복지연수원 등으로 쓰이며 본래의 의미가 퇴색해버렸다. 한국 최초의 근대적 공장, 그중에서도 신식무기 공장일 뿐 아니라 한 왕조의 마지막 몸무림의 역사가 녹아 있는 문화유산이지만 지금은 문화재 관련자 외에 일부러 찾아오는 이를 발견하기 힘들다.

비운의 노래 〈대한제국 애국가〉

탑골공원

종로 한복판의 탑골공원은 한국 근대사에서 중요한 의미를 갖는 공간이다. 1919년 3·1독립만세운동이 시작된 곳이기 때문이다.

그뿐이 아니다. 1901년 창설된 최초의 근대적인 군악대가 역시 최초의 근대적인 국가인 〈대한제국 애국가〉를 연주한 곳도 탑골공원이었다. 초기의 대한제국 애국가 가사를 현대 한국어로 번역하면 대략 이렇다.

> 하늘의 신이시여 황제를 보우하소서.
> 나이가 끝이 없을 정도로 장수하시고
> 위엄과 권세를 온 세상에 떨치시고
> 오래도록 복록福祿이 이어지게 하소서.
> 하늘의 신이시여 황제를 보우하소서.

봉건시대의 특징들이 고스란히 담겨 있는 이 〈대한제국 애국가〉를 만든 건 조선인이 아닌 프로이센 왕립악단 단장 출신의

프란츠 에케르트였다. 1901년 초빙되어 합정동 양화진외국인 묘지에 묻힐 때까지 16년간 이 땅에 머물렀는데, 쌀 한 가마니에 5~6원 하던 시절 그의 급료는 300원이나 되었을 정도로 대우가 파격적이었다.

그도 그럴 것이 그에게는 애국가 작곡은 물론 미리 조직되어 있던 군악대원들에게 서양 악기와 악보를 가르치는 중요한 임무가 주어져 있었다. 이후에는 탑골공원 서쪽 구석에 군악대 건물을 지어 훈련에 매진하는가 하면 매주 목요일마다 탑골공원 팔각정에서 무료 음악회를 열기도 했다.

〈대한제국 애국가〉의 운명은 그리 오래 가지 못했다. 1910년 대한제국이 일제에 강제병합되기도 전에 일본의 압력으로 금지곡이 되고 말았기 때문이다. 이후 국가의 자리를 차지한 것은 일본의 국가인 〈기미가요君か代〉였다. 공교롭지만 〈기미가요〉 역시 앞서 1879년부터 20년 동안 일본에 머물던 에케르트가 작곡한 것이었다.

해방 뒤 북한은 광산노동자 출신의 음악가 김원균이 작곡하

1902년 탑골공원에서 음악회를 마친 후 팔각정 앞에서 포즈를 취한 대한제국 군악대원들.

고 월북 시인 박세영이 작사한 "아침은 빛나라"로 시작하는 새 〈애국가〉를 채택했다. 그리고 남한은 1935년 안익태가 유학 중 작곡한 곡을 국가로 정하면서 〈대한제국 애국가〉는 역사 속에서 영영 자취를 감추었다.

과연 통일한국의 국가는 어떤 느낌의 곡일까? 그리고 어떤 '철학'을 담은 가사를 갖게 될까? 비운의 노래 〈대한제국 애국가〉가 초연된 지 100년 하고도 10여 년이 흘렀다.

1919년 3월 1일 그곳에서는…

인사동 태화빌딩

지하철 1호선 종각역에서 인사동 골목으로 들어가다 보면 '태화빌딩'이라 쓰인 흰색 빌딩이 보인다. 겉보기에는 여느 오피스 빌딩과 다를 바 없어 보이지만 사실 그 자리는 한국사에서 아주 중요한 사건이 벌어진 현장 가운데 하나다. 1919년 3월 1일, 이른바 '민족대표'들이 독립선언서를 낭독한 고급음식점 '태화관'이 있던 자리다.

그런데 우여곡절 끝에 그곳에 모인 민족대표 33인 가운데 29인은 정작 독립선언서를 낭독하지 않았다. 어차피 내용을 다 아는데 군이 낭독할 필요가 있느냐는 지적에 따라 '생략'한 것이다. 조선이 일제에 강점된 지 9년 만에 벌어진, 전국에서 동시다발적으로 일어서기 시작한 3·1운동의 시작치고는 다소 떨떠름해 보인다.

자세히 들여다보면 더 의아한 점이 엿보인다. 민족대표들은 독립선언서를 낭독한 뒤 학생을 비롯한 많은 군중이 모여 있던 근처의 탑골공원으로 이동해 합류하지 않았다. 태화관 주인에게 경찰에 전화를 걸게 한 다음 자수한 것인데, 충돌을 방지하

이완용 소유의 별장 태화정이 있던 곳에 들어선 태화관.

려고 그랬다지만 결과적으로 탑골공원에서 기다리고 있던 수 많은 이들은 뚜렷한 지도자 없이 일본 경찰과 그대로 대면해야 했다.

아이로니컬한 점도 있다. 3·1독립선언서를 낭독한 태화관은 그 직전까지 이완용 소유의 별장 태화정太華亭으로 이용되었다. 1905년 을사늑약과 1910년 한일강제병합조약을 전후한 시기 에 이완용을 비롯한 친일 인사들이 모여 회의를 하기도 했던 곳 이었다. 한 장소의 내력치고는, 그리고 한 나라 백성들의 운명 치고는 참 사나워 보인다.

태화관이 있던 태화빌딩 앞에는 '삼일독립선언유적지'라고 새겨진 바윗돌만 홀로 서 있다. 그러나 역사적인 3·1운동이 시작된 곳이라는 설명만 있을 뿐 그날 벌어진 저간의 아리송한 일들이나 이완용과 관련한 숨겨진 내력, 그리고 민족대표를 자칭했던 이들 가운데 상당수가 이후 친일부역자로 돌아선 어두운 역사는 쓰여 있지 않다.

주변을 지나는 시민들 역시 눈길 한 번 주지 않고 지나쳐간다. 대한민국 헌법은 3·1운동 정신에 기초하고 있다지만 정작 그것을 깊이 자각하는 한국인은 많지 않아 보인다.

3·1독립만세운동의 아지트

승동교회

민족대표들이 음식점 태화관에 모여 독립선언서를 낭독한 뒤 경찰에 자수하면서 독립만세운동은 하마터면 시작조차 못할 뻔했다. 다행히 그 간극을 메운 이들이 있었으니 바로 학생들이었다. 고층 빌딩으로 대체된 태화관과 달리 그들이 거사를 준비했던 장소는 지금도 큰 변화 없이 남아 있다.

태화관이 있던 태화빌딩에서 관광객들로 붐비는 인사동 골목을 따라 탑골공원 쪽으로 향하다 보면 남인사마당에 닿는데, 그곳 조금 못미처 이정표가 보인다. 거기에는 이렇게 적혀 있다. '대한예수교 장로회 승동교회.'

3·1운동이 시작되기 9일 전인 1919년 2월 20일, 김원벽을 비롯한 학생대표들은 승동교회에 모여 학생 지도자대회를 열었다. 학교나 사회단체 사무실에서 모일 수도 있었지만 당시는 일제가 강압적인 무단통치를 하던 때였다. 그렇기에 학생들은 일제의 감시가 다소 소홀했던 승동교회를 모임 장소로 택했다. 이들은 매일 교회에 모여 독립만세운동을 준비했다고 한다.

인사동 안쪽 깊숙한 곳에 자리한 승동교회.

당시 각 학교나 종교단체별로 독립만세운동을 준비하는 것보다 힘을 합치는 것이 낫겠다는 중요한 판단을 내린 곳도 이곳이었다. 보성전문과 연희전문, 세브란스의전, 그리고 불교계와 기독교계, 천도교계까지 함께 행동하기로 합의를 이뤄낸 것인데, 그렇게 운동 주체를 단일화함으로써 독립만세운동 준비는 급물살을 탔다. 이런 승동교회를 두고 '3·1독립만세운동의 아지트'라고 해도 과언은 아닐 것이다.

붉은 벽돌이 인상적인 승동교회는 1912년 현재의 위치에 들어선 뒤 몇 차례의 증축을 거쳐 지금에 이르고 있다. 2003년에는 건립 110주년을 기념해 보수공사까지 끝마쳐 말끔한 외관이 돋보인다.

주변 고층건물들에 둘러싸여 국내외 관광객으로 붐비는 인사동 골목에서는 잘 보이지 않지만, 승동교회의 존재감은 골목 안쪽 깊숙한 곳에서 지금도 뚜렷하다. 3·1독립만세운동의 현장으로서 탑골공원을 답사할 일이 있다면 거기서 채 300미터도 떨어지지 않은 곳에 있는 승동교회를 놓치지 말고 꼭 찾아볼 일이다.

그 뜨거운 역사의 현장

서울역

옛 서울역사 앞을 지날 때면 몇 년 전까지만 해도 없던 동상을 볼 수 있다. 강우규 의사의 동상이다. 강 의사는 1919년 9월 초 옛 서울역 광장에서 제3대 조선 총독으로 부임하는 사이토 마코토에게 폭탄을 던진 인물이다.

비록 사이토 총독의 목숨을 빼앗지는 못했지만 당시 강 의사의 의거는 일제의 간담을 서늘케 하기에 충분했다. 일본 경찰 등 37명을 폭사시키거나 부상을 입힌 성과만이 아니라 당시 강 의사의 나이가 64세였기 때문이다. 이전까지만 하더라도 항일 의거는 주로 혈기왕성한 20~30대 청년들이 주도했는데, 강우규 의사의 의거는 환갑을 넘긴 노투사도 독립운동 대열에 뛰어들고 있다는 것을 보여주는 사건이었다.

앞서 1915년 중국 지린성 라오허현으로 이주해 한인들과 함께 '내 나라가 다시 흥하라'는 의미를 지닌 신흥동新興洞이라는 마을을 조성하고, '광동학교光東學校'를 세워 청년들의 민족의식을 고취하는 교육사업을 벌였던 강우규 의사. 그는 면회 온 장남에게 유언을 남기면서도 내내 청년 교육 걱정만 했다.

강우규 의사(왼쪽)
와 제3대 조선총독
사이토 마코토(오
른쪽).

만일 네가 나의 사형을 슬퍼하는 어리석은 사람이라면 내 자식이
아니다. 내가 평생에 세상에 대해 한 일이 없다는 것이 도리어 부
끄럽다. 내가 이때까지 우리 민족을 위하여 자나깨나 잊지 못하
는 것은 우리나라 청년들의 교육이다. … 내가 이번에 죽어 조선
청년의 가슴에 작으나마 어떤 감상과 인상을 주게 된다면 그것이
무엇보다도 귀중할 것이다. 언제든지 눈을 감으면 쾌활하고 용감
히 살려는 전국 방방곡곡의 청년들이 눈앞에 선하다.

19세기 말 일제가 경인선을 놓은 이후 조선 침략, 나아가 대륙
침략의 발판으로 기능해온 옛 서울역은 늘 치열한 역사의 한복
판에 있었다. 강 의사의 의거 6개월 전인 3·1운동 때는 이곳에
서 출발한 열차들이 전국 방방곡곡으로 그 소식을 실어 날랐고,

해방 때는 기쁨에 겨운 수많은 조선인들이 태극기를 휘날렸다.

1960~1970년대에는 일자리를 찾아 상경한 젊은이들이 서울에 발을 들여놓는 창구였고, 동시에 이들을 위해 곡식이며 온갖 먹거리를 싸들고 상경하는 우리 어머니들을 맞이하던 역이었다. 1980년 '서울의 봄'과 1987년 '6월항쟁'을 기억하는 이들은 옛 서울역 광장에서 울려퍼졌던 뜨거운 함성을 떠올릴 것이다.

그런데 언제부턴가 옛 서울역 주변의 분위기가 바뀌고 있다. 옛것과 어울리지 않는 새 KTX역사와 쇼핑센터가 들어서면서 애당초 그 자리의 주인과도 같았던 옛 서울역사는 거의 천덕구니 취급을 받고 있다. 역 광장과 그 주변에 몰려드는 노숙인들은 한국 사회의 그늘과 양극화의 결과를 적나라하게 보여준다.

서울역이 단순히 철도의 시발점이자 종착점이 아닌 오늘날 한국을 있게 한 주요 현장이었다는 사실을 웅변하고 있는 것은 그나마 강우규 의사의 동상뿐이다. 뜨거운 역사의 현장치고는 참으로 처량한 풍경이다.

그곳만 볼 게 아니다

운현궁
••••••••••••••

인사동을 찾았다. 그곳에서 따끈한 차 한 잔을 하고 근처 운니동에 있는 운현궁에 잠깐 들렀다. 마침 유난히 추운 날씨 때문이었는지 여느 때와 달리 방문객이 적어 보였다. 1990년대 초중반 수십억 원을 들여 보수한 운현궁은 그 자체의 아름다움과 함께 구한말 비운의 역사에서 나오는 무게감을 품고 있었다. 그래서였을까? 답사 내내 차분한 기분이 들었다.

우뚝 선 솟을대문을 통해 운현궁 안으로 발걸음을 옮기면 사랑채인 노안당이 나온다. 위엄 있어 보이는 노안당은 흥선대원군이 기거하던 생활공간이자 고종 즉위 이후 섭정을 하던 구한말 정치의 중심과도 같은 곳이다. 일반 사대부들의 한옥과 달리 툇간이 노안당의 삼면을 빙 두르고 있고 마루는 질서정연한 우물마루로 되어 있다.

조금 더 들어가면 노락당이 나온다. 고종과 민비의 가례嘉禮가 열린 곳이다. 가례는 왕이나 왕세자가 왕비나 세자빈을 맞는 혼례를 의미하며 '국혼國婚'이라고도 한다. 그 안쪽의 이로당은

일본군 헌병 초소 터에 들어서 있는 주한일본대사관 공보문화원(위)과 운현궁 뒤쪽에 위치한 양관(아래).

홍선대원군의 부인인 여흥부대부인 민 씨가 거처하던 안채로 왕궁으로 치면 중전에 해당하는 건물이다.

그런데 운현궁 답사를 이것으로 끝내선 안 된다. 운현궁 북서쪽에 붙어 있는 주한일본대사관 공보문화원 터를 유심히 볼 필요가 있다. 공보문화원은 1971년 주한일본대사관 공보관실이라는 이름으로 문을 연 이래 주한일본대사관 광보문화원을 거쳐 1993년 지금의 이름으로 바뀌었다. 그 자리는 구한말 당시 일본군 헌병 초소가 있던 곳이다. 운현궁에서 생활하던 홍선대원군을 비롯해 조선황실 인사들의 동태 감시가 그들의 주요 임무였다. 2005년 종로구의회가 지난 역사를 돌이켜볼 때 위치가 적절치 못하다며 '이전 촉구 결의문'까지 만장일치로 의결했지만 주한일본대사관 공보문화원은 여전히 그 자리를 지키고 있다.

또한 운현궁 뒤쪽에 있는 '양관洋館'이라는 근대 건축물도 눈여겨봐야 한다. 지금은 덕성여대 법인사무국 건물로 쓰이고 있는데, 일제가 홍선대원군의 장손인 이준용에게 선사한 건물로 황실 인사들을 회유하려는 데 목적이 있었다.

보통 문화유산을 답사할 때면 해당 건물이나 현장만을 둘러보는 경우가 많다. 하지만 주변 상황까지 두루 살펴본다면 그 문화유산과 관련한 역사 맥락이나 숨겨진 이면과도 대면할 수 있을 것이다.

최후의 독립운동 현장 '부민관'

서울시의회청사

태평로를 사이에 두고 서울시청 맞은편에 있는 흰색 건물은 주변의 현대식 건물들에 대비되어 더욱 이색적으로 보인다. 해방 이후부터 1975년까지 대한민국 국회의사당으로 사용되다 지금은 서울시의회청사로 쓰이고 있는 건물이다.

국회의사당으로 사용되던 근 25년의 시간 동안 이곳에서는 이후 한국 현대사의 흐름을 바꿔놓은 각종 사안들이 논의되고 결정됐다. 이승만 대통령의 종신 집권을 위한 '사사오입' 개헌을 비롯해 박정희 대통령 집권기에는 한일협정 비준 파동과 3선 개헌 파동, 그리고 대통령에게 주요 국가현안에 대해 비상조치를 취할 수 있는 비상대권을 거의 무제한적으로 부여하는 국가보위법 파동이 일어나기도 하는 등 숱한 정치 격변의 소용돌이 한복판에 있었다.

그런데 이 건물을 다시 보게 되는 이유는 건물 앞 화단 한쪽에 놓여 있는 작은 표석 때문이다. 거기에는 이렇게 쓰여 있다.

마지막 독립운동의 순간을 증언하고 있는 표석(왼쪽)과 그 현장이었던 부민관(오른쪽).

부민관 폭파 의거 터—1945년 7월 24일 애국청년 조문기, 류만
수, 강윤국이 친일파 박춘금 일당의 친일 연설 도중 연단을 폭파
했던 자리.

애초 이 건물은 1935년 일제가 지금의 세종문화회관이나 예
술의 전당과 같은 문화예술 공연장으로 지은 것이다. 이름도 지
금의 서울시민 격인 경성부민을 위한 회관이라 하여 '부민관'
이라 했다. 하지만 주로 열린 것은 각종 친일 정치집회였다. 조
문기를 비롯한 10대 청년 세 명이 대한민국 독립운동사에서 최
후의 의거라 할 수 있는 거사를 결행했을 때도 마찬가지였다.
당시 부민관에서는 1923년 관동대지진 때 '조선인 색출'에 힘
쓴 공로로 일본 중의원에까지 오른 대표적 친일부역자 박춘금

이 만든 친일단체 대의당大義黨이 주최한 '아시아민족분격憤激대회'가 열리고 있었다.

1945년 7월 24일의 부민관 폭파 의거…. 당시는 해방을 채한 달도 남겨놓지 않은 시점이었다. 서울 한복판에 있는 부민관이야말로 일제 말기로 갈수록 지지부진해 보이기만 했던 독립운동이 해방의 그날까지 끊이지 않고 계속됐음을 보여주는 현장임을 알 수 있다. 게다가 거사를 벌인 이들은 10대 청년들, 그것도 부유층 자제들이 아니라 평범하다 못해 제 손으로 노동해 생활을 이어가던 이들이었다.

그렇지만 현재 남아 있는 것은 의거의 맥락조차 충분히 이해할 수 없게 새겨놓은 그 작은 표석 하나뿐이다. 부민관은 1980년 태평로 확장공사를 하면서 건물 대부분이 헐렸다. 1985년 별관을 헌 뒤에는 지금처럼 공중목욕탕 굴뚝 같은 첨탑과 성냥갑을 닮은 어색한 건물만 남게 됐다. 세 청년들도 하나둘 스러져갔다. 가장 오랜 삶을 산 조문기 선생은 평생을 일제잔재 청산운동에 주력하다 2008년 향년 81세로 생을 마쳤다.

서울시청이 나서서 등록문화재인 옛 서울시청사를 헐어버리는 마당에 이 건물이라고 수십수백 년 온전하리라는 보장은 없다. 그래서인지 서울시의회 근처를 지날 때면 한 번이라도 더 그윽한 시선을 보내게 된다.

다시 돌아온 '마지막 임시정부청사'

경교장

대한민국임시정부의 마지막 청사가 있던 곳은 중국 상하이도 충칭도 아니다. 서울지하철 5호선 광화문역과 서대문역 사이에 있는 강북삼성병원 자리에 있었다. 최근까지 강북삼성병원 현관 구실을 해온 석조건물 '경교장'이 바로 그곳이다.

경교장의 원래 명칭은 '죽첨장'이었다. 갑신정변 이전까지 조선에서 막강한 영향력을 발휘하던 일본공사 다케조에 신이치로의 성을 딴 것으로, 실제 소유주는 일본인이 아니라 일제 때 금광 개발을 통해 '조선의 황금귀신'이라 불릴 정도로 많은 부를 축적한 친일부역혐의자 최창학이었다.

"해방은 도둑같이 뜻밖에 왔다"라는 함석헌 선생의 말마따나 갑작스러운 해방은 죽첨장에 새로운 운명을 부여한다. 전투기를 헌납하는 등 친일부역에 열심이다 해방을 맞은 최창학이 자신의 안위를 걱정해 이 건물을 오랜 방랑 끝에 환국한 백범 김구를 위시한 대한민국임시정부에 내놓은 것이다.

경교장에 여장을 푼 백범 일행은 건물 이름을 왜색이 짙은 죽

1946년 경교장에서 열린 신탁통치 반대 집회.

첨장에서 근처에 있던 다리 '경교'의 이름을 따 경교장으로 바꾸고 임시정부청사로 삼았다. 그러고는 어수선한 해방정국에서 조선인의 권익을 위한 활동을 펼쳐나간다.

예컨대 1945년 12월 모스크바 3상회의 결과가 알려지자 신탁통치 반대운동을 펴기로 결정하는 등 경교장은 반탁운동과 대한민국 건국 준비의 중심지로서 기능했다. 나아가 남북이 분단될 가능성이 커지자 "통일만이 우리가 살길이기에 통일을 위해서는 그것이 공산주의자와의 협상이라고 해도 마다해서는 안 된다"라며 백범이 북행을 결의하는 등 통일운동의 구심점 역할을 하기도 했다.

그러나 1949년 백범이 서거하면서 경교장의 운명은 또다시 파란을 겪는다. 최창학이 다시 가져간 이후 자유중국 대사관과 미군 의무부대와 특수부대 사령부, 그리고 베트남 대사관저 등으로 이용되면서 본래 모습을 잃어갔다. 이윽고 1968년 강북삼성병원의 전신인 고려병원에 인수되고부

백범이 암살당한 1946년 6월 26일 비통에 빠진 경교장 풍경.

터는 건물 내부가 완전히 개조되었다. 최근까지도 응급실과 약국, 의사휴게실 등으로 쓰이면서 외벽만 그대로일 뿐 경교장 내부는 백범이 사저이자 임시정부청사로 이용하던 당시 모습을 상당 부분 잃은 상태였다.

그랬던 경교장이 새로운 출발대 앞에 섰다. 얼마 전까지만 해도 김구가 암살당한 2층 집무실 정도만 원형 복원돼 관람객을 맞이하다가 2013년 2월, 드디어 백범 김구가 이용하던 당시의 모습에 가깝게 복원돼 일반에 공개됐다. 김구가 안두희의 총탄에 암살당한 지 64년, 민간단체가 보존운동을 펴온 지 18년 만의 일이다.

절대 권력자의 집을 찾아

이화장

사람들로 발 디딜 틈 없는 대학로를 찾았다. 공연을 보러 나온 이들이나 데이트를 즐기는 젊은 이들로 북적였는데, 인파를 헤치고 동남쪽으로 조금 걸으니 이내 한적한 동네가 나왔다. 그리고 거기에는 넓은 안뜰을 자랑하는 한옥이 있었다. 이승만 전 대통령이 머물던 '이화장'이다.

미국을 근거지 삼아 활동하다 해방 한국의 초대 대통령에 오른 이승만…. 계엄령을 선포해 반대파 국회의원들을 감금하는 등의 방법으로 제2대 대통령에 재선되었고, '사사오입'을 통해 제3대 나아가 제4대 대통령에까지 오르기도 했던 인물이었다.

그런 절대 권력자도 결국 시민들의 저항에 부딪치고 만다. 1960년에 일어난 4·19혁명으로 하야한 뒤 얼마 지나지 않아 머나먼 하와이로 망명할 수밖에 없었던 것이다. 그러고는 이승에서의 삶이 끝나고서야 가까스로 고국으로 돌아올 수 있었다. 그런 그가 대통령이 되기 전 기거했던 집이자 4·19혁명으로 하야한 뒤부터 하와이로 떠나기 전까지 잠시 머물던 곳이 바로 이

화장이다.

1920년대에 지어진 것으로 알려진 이화장에 들어서면 가장 먼저 1988년 8월 15일 '대한민국 건국 40주년'을 기념해 세운 이승만 전 대통령의 동상이 보인다. 공교롭게도 친일부역혐의자 김경승의 작품이다. 이후 정면에 있는 가파른 비탈 위로 눈을 돌리면 작은 한옥 한 채가 나

친일부역혐의자 김경승이 조각한 이승만 동상.

타난다. 1948년 제헌국회에서 초대 대통령으로 선출된 이승만이 국무총리와 각 부서의 장관 등 초대 내각을 구성한 곳으로 알려진 건물로, 내각을 짠 곳이라고 해서 '조각당組閣堂'이라 불린다. 그리고 'ㄷ' 자로 생긴 본관으로 들어서면 해외에서 활동하던 당시의 사진과 친필 서신 등이 진열되어 있고 1904년 옥중에서 쓴 국민계몽서 《독립정신》도 볼 수 있다.

하지만 어딘가 모르게 기막혀 보이기만 한다. 초대 대통령으로서 혼란스러웠던 나라의 기틀을 세우는 데 공헌하기는 했다지만 불법적으로 장기집권을 꾀하는 등 집권 과정에서 적지 않

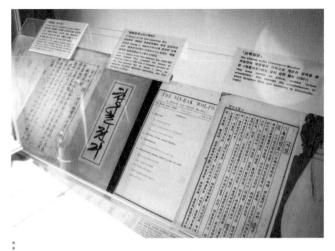

1900년 번역한 《청일전기淸日戰記》 등 이화장에 전시되어 있는 이승만의 유품.

은 정치적 과오를 범했기 때문일 것이다. 또 한국전쟁이 발발했을 때는 "정부는 여러분과 함께 서울에 머물 것"이라고 해놓고서 주변의 몇몇만 데리고 먼저 대구까지 내뺐다가 "각하, 너무 많이 내려오셨습니다"는 말을 듣고 대전으로 올라갔으며, 서울을 수복한 뒤에는 그의 말을 믿고 남아 있던 시민들을 '북한 동조자'라며 학살한 이였기 때문일 것이다.

이름에서 유추할 수 있듯 한때는 탐스러운 배꽃이 만발했다고 진해지는 이화장. 그러나 국민들에 의해 쫓겨난 절대 권력자의 집은 어딘지 모르게 처연하게만 느껴질 뿐이다.

이름 뒤에 숨어 있는 역사

4·19혁명기념도서관

지하철 5호선 서대문역과 경교장
이 있는 강북삼성병원 사이의 언덕길 중턱에 외벽을 화강석으
로 마감한 새하얀 빌딩이 보인다. 2000년에 새로 지은 '4·19혁
명기념도서관'이다. 이름 앞에 한국 현대사의 변곡점 가운데 하
나였던 '4·19혁명'이 들어가 있어 독특한데, 거기에는 그럴 만
한 사정이 있다.

도서관이 들어선 터에는 애당초 '이승만 정권의 2인자'였던
이기붕의 저택이 자리 잡고 있었다. 이기붕은 국회의장과 서울
시장, 국방부 장관 등을 두루 지낸 세도가였다. 그렇다고 그것
이 이력의 전부는 아니다.

1954년 말 "초대 대통령에 한해 중임 제한을 없앤다"라는 내
용을 골자로 하는 개헌안이 발의되었다. 원칙대로라면 의결정
족수가 차지 않아 부결되었을 것이다. 그런데 이때 '사사오입',
즉 반올림을 통해 개헌안을 가결시켜버리는 사건이 벌어진다.
거기에 앞장선 인물이 바로 이기붕이었다.

이후 그는 자신의 친아들을 이승만의 양자로 입적시킬 만큼

정권의 핵심에 더욱 다가선다. 위세가 얼마나 대단했는지 도서관 터에 있던 그의 집을 대통령의 거처인 경무대에 견줘 '서대문 경무대'라 부를 정도였다. 이윽고 1960년 3월 15일 치러진 제4대 대통령 선거에는 대통령 후보 이승만의 러닝메이트로 출마해 부통령에 당선되기에 이른다.

당시 선거는 유례를 찾아보기 힘든 꼼수의 결과였다. 야당을 찍을 것 같은 유권자에게는 아예 투표권을 주지 않고 대리 투표를 시키거나, 몇 명씩 집단으로 투표를 진행하는 등 공개 투표를 실시했으며, 행여 야당 후보 지지표가 나오면 무효표로 만들어 버렸다. 결국 총 유효 투표수의 100퍼센트에 육박하는 표를 얻은 나머지 실제 득표 결과보다 득표율을 낮춰 발표하는 웃지 못할 해프닝까지 벌어졌다. '3·15부정선거'라 불리는 사건이었다.

세계사를 돌이켜보면 독재자의 말로는 거의가 좋지 않게 끝나는데 이승만 정권, 그리고 이기붕의 말로도 크게 다르지 않았다. 그동안 쌓여온 국민들의 분노가 부정선거를 기폭제 삼아 일거에 불타올랐다. 4·19혁명이었다. 이승만은 하와이로 망명했고 이기붕은 양자로 보냈던 아들 이강석에 의해 본인은 물론 일가족 모두 죽임을 당하고 말았다.

그 뒤 '서대문 경무대'는 4·19혁명 희생자 유족회 사무실로 바뀌었고 얼마 지나지 않아 4·19혁명기념도서관으로 쓰이게

3·15부정선거는 이후 4·19혁명을 불러오는 도화선이 되었다.

됐다. 이승만 독재의 상징과도 같았던 곳이 정반대 성격의 공간
으로 탈바꿈한 것이다. 다만 아이로니컬한 것은 그 사업이 진행
된 시기가 4·19혁명으로 불붙은 민주주의 열망을 뭉개고 집권
한 또다른 독재정권인 박정희 정권 때였다는 점이다!

　"자유, 민주, 정의를 기본 정신으로 하는 4·19혁명의 숭고한
이념과 역사적 사실을 후세에도 계승 발전시키고자 설립되었
다"는 4·19혁명기념도서관…. 그 숭고해 마지않는 이름 뒤에
는 얽히고설킨 한국 현대사의 모순이 고스란히 숨어 있다.

4장

함께 사는
서울을 꿈꾸며

서울역 앞 쪽방촌의 여름 그리고 겨울
동자동·갈월동

폭염특보가 내리곤 하는 여름마다, 한파경보나 대설주의보가 발령되는 겨울마다 생각나는 동네가 있다. 용산구 동자동이다. 서울역 바로 맞은편의 이 지역은 서울 시내에서 쪽방이 가장 많이 밀집되어 있는 곳으로 유명하다. 그만큼 사회적 약자들이 많이 사는 동네라는 뜻이다.

한 사람이 겨우 누울 수 있는 정도로 작은 쪽방들은 창문이 없는 경우가 태반이다. 그나마 있다고 해도 가로세로 채 1미터가 넘지 않는다. 통풍이 잘 안 된다는 얘기다. 그렇다 보니 78세의 김모 할아버지가 거주하는 쪽방의 한여름 실내 온도는 오히려 바깥 기온보다 높을 때가 적지 않다.

이는 밤이 되어도 마찬가지다. 좁은 공간에 작은 방들이 미로처럼 몰려 있다 보니 낮에 모인 열이 밤이 되어도 빠져나가지 못하기 때문이다. 그렇다고 에어컨을 켤 수도 없다. 에어컨 자체가 없을뿐더러, 그나마 있는 선풍기도 지난 일 년 새 모두 세 차례에 걸쳐 15퍼센트나 올라버린 전기요금 걱정 탓에 켜기가 부담스럽다.

겨울에는 한기가 스며들 틈이 적으니 다행스럽다고 해야 할까? 사정은 그리 낭만적이지 않다. 김 할아버지의 쪽방만이 아니라 웬만한 쪽방들의 실내 온도는 바깥 기온과 별반 다르지 않다. 방 안에서도 입을 뗄 때마다 하얀 입김이 뿜어져 나온다. 중증 관절염과 고혈압 때문에 몸이라도 녹일까 싶어 근처 서울역 대합실을 찾곤 하지만 오가는 사람들의 싸늘한 시선에 오래 앉아 있을 수조차 없다. 그렇다고 마음 놓고 전기장판이나 난로를 작동할 수도 없는 노릇이다. 인상만 될 뿐 좀체 떨어지지는 않는 전기값, 기름값 탓에 마음대로 켤 수 없어서다.

쪽방촌 거주자들 가운데 상당수는 김 할아버지처럼 혼자 사는 노인들이다. 이곳 동자동과 바로 옆 갈월동만 하더라도 3~7제곱미터 면적의 쪽방이 970여 개나 몰려 있는데, 그곳에 사는 65세 이상 노인만 230명에 달한다. 그들을 포함한 한국 사회의 독거노인 119만 명 가운데 91만 명은 빈곤층에 해당하고, 그중 상당수는 질병과 장애를 갖고 있다. 날이 더워도 시원한 곳을 찾아 이동하기 어려워 결국 찜통 같은 방에 머물 수밖에 없고, 반대로 날이 추워도 결국 냉방에 앉아 있을 수밖에 없는 홀몸 노인들이 상당하다는 의미다.

빈곤 독거노인들에게 여름과 겨울마다 찾아오는 무더위와 한파는 건강과 생명을 위협하는 또 하나의 심각한 요인이다. 극

쪽방은 좁은 면적을 떠나 상하수도와 냉난방 면에서도 상당히 취약한 구조를 갖고 있다.

단적인 날씨 변화에 목숨을 잃은 독거노인 소식이 신문이나 방송에 등장하는 것이 이제는 드문 일이 아니다. 과연 그 같은 죽음을 자연재해라 할 수 있을까? 한국 사회의 빈약한 복지시스템은 아무런 말이 없다.

'넝마공동체' 사람들이 갈 곳은 어디?

개포동 영동 5교

2012년 겨울까지만 해도 강남구 개포동 영동 5교 밑을 지날 때면 16개나 되는 컨테이너들이 쌓여 있는 걸 볼 수 있었다. 폐컨테이너도 아니고 그렇다고 화물을 보관해둔 컨테이너도 아니었다. 그곳은 60여 명의 사람들이 살아가는 보금자리였다. 이른바 '넝마공동체'라 불리는, 강남과 송파 일대의 아파트단지를 돌며 재활용품과 폐지, 고철 등을 모아 생활을 이어가는 도시빈민들의 생활 터전이었다.

이곳에 넝마공동체가 만들어진 것은 1986년으로 거슬러 올라간다. 빈민운동가 윤팔병 씨가 도시빈민과 노숙인들의 자활을 위해 만든 곳으로, 그 자신의 경험과 지혜가 녹아 있는 공간이었다.

전남 함평의 유복한 가정에서 태어난 윤 씨였지만 위로 여섯 형제가 한국전쟁 때 부역자로 몰려 처형되거나 실종됐으며, 일곱째 형은 고문 후유증으로 고생하다 스스로 생을 마쳤다. 그런 그의 가족에 평탄함이란 있을 수 없었다. 초등학교 3학년 때부터 거리를 헤매며 구두닦이나 지게꾼, 찐빵장수 같은 모든 밑바

넝마공동체 컨테이너 철거 뒤 나붙은 현수막.

딱 인생을 경험해야만 했다.

　노점상인이나 거지 들과 함께 생활하며 '더불어 사는 삶'에 눈을 뜬 것도 그때였다. 1970~1980년대 부동산 투기를 위해 일 년에도 몇 번씩 이사하는 사람들이 버리고 가는 가재도구나 책, 헌옷 같은 '넝마'를 주워다 팔아 생활하는 공동체, 즉 넝마공동체를 만든 것이다. 수돗물이 나오지 않아 7킬로미터나 떨어진 사찰에서 물을 길어와야 했고 구덩이를 파서 만든 공동 화장실을 써야 하는 형편이었지만, 공동체 사람들에게는 몸과 마음을 의지할 수 있는 둘도 없는 공간이었다. 그렇게 30년 가까운 기간 동안 이곳에서 자활 의지를 길러 나간 사람들만 3,000여 명에 이른다.

그러나 이제 영동 5교 밑에 간다 해도 넝마공동체를 찾을 수 없다. 2012년 강남구청이 화재 예방과 인근 아파트 주민들의 민원을 이유로 철거해버렸기 때문이다. 근처 탄천운동장에 임시 거처를 마련하는 듯했지만 결국 거기서도 쫓겨나 거리에 나앉을 형편이다.

소득수준이 높다고 알려진 강남이지만 넝마공동체를 비롯해 구룡마을과 달터마을, 수정마을, 재건마을 등 비닐하우스와 판자를 얼기설기 엮어 살아가는 도시빈민촌이 여럿이다. 2015년 초 기준으로 1,500여 가구에 거주자 수만 3,000여 명에 달한다. 물론 그중에는 나중에 이주비를 챙길 목적으로 위장전입한 이들도 없지는 않다. 그러나 그 외 대다수는 실제 도시빈민이다. 그들의 빈곤은 오로지 그들 개인의 무능력과 게으름에서 비롯된 문제일까?

빈부격차가 날로 심해지고 패자부활전의 기회가 사라져가는 사회라면 제아무리 빈민촌을 철거한다 해도 도시빈민 자체는 사라지지 않을 것이다. 열악한 복지제도와 가진 자에게 유리한 조세제도를 손보려고 노력해보기보다 오히려 그 흐름을 가속화하려는 사회라면 더더욱 말이다.

겨울이면 더 바빠지는 사람들

구세군중앙회관

덕수궁 돌담길을 따라가다 보면 고색창연한 건물들과 마주친다. 한국 최초의 감리교 교회 중 하나는 정동제일교회, 1905년 을사늑약의 현장 중명전 등 구한말의 역사를 오롯이 간직하고 있는 건물들이다.

그리고 정동로터리에서 덕수초등학교 방향으로 향하다 보면 2층짜리 붉은 벽돌 건물도 만날 수 있는데 겨울이면 더욱 바빠지는 사람들이 모인 곳, 바로 '구세군 대한본영 중앙회관'이다.

연말 불우이웃돕기 모금운동 방식인 '자선냄비'로 유명한 구세군(救世軍, The Salvation Army)은 1865년 영국에서 가난 구제와 사회봉사를 목표로 태동한 감리교의 한 교파로, 한국에서는 1908년부터 활동하기 시작했다. 1928년에는 은은한 종소리로 대표되는 '구세군 냄비'를 처음으로 선보였는데 '박준섭'이라는 이름을 쓰던 한국 구세군 사령관 조셉 바에 의해서였다. 초기의 모금액은 자료를 찾기 힘들지만, 1936년 연말에는 728원을 모았다는 기록이 있다. 요즘 가치로 환산하면 1400만 원이 넘는 액수다.

1928년 처음 등장한 구세군 자선냄비
(왼쪽)와 구세군 대원들이 쓰던 모자
(오른쪽).

　요즘 한국에서는 1년 365일 아무 때나 기부할 수 있는 '사랑
의 모금함'을 비롯해 어린이들의 기부 문화 확산을 위해 만든
마스코트 모금함과 놀이기구를 접목한 자선냄비까지 모금 방
식이 진화에 진화를 거듭하고 있다. 특히 2012년부터는 카드
단말기가 달린 모금함도 선보여 현금이 없더라도 신용카드나
체크카드를 이용해 한 번에 2,000원씩 기부할 수 있게 됐다. 카
드 사용이 늘면서 지갑에 현금을 많이 넣고 다니지 않아 모금함
을 그냥 지나치는 현실을 타개하기 위한 아이디어다.

　다만 거기까지다. 한국 사회는 근본적으로 빈익빈 부익부를
재생산하는 구조의 한계를 인정하고 가난의 대물림을 사전에

구제할 수 있도록 제도를 개혁해야 할 시점에 도달했다. 그럼에도 구세군 냄비든 사랑의 모금함이든 여전히 사회적 약자들을 사후적으로 돕는 데 그치고 있을 뿐이다.

구세군을 중심으로 가난 구제 사업이 펼쳐진 지 벌써 한 세기가 지났다. 정부나 지자체가 나서기보다 민간의 온정에 지나치게 기대는 허약한 복지시스템, 봉사와 나눔이 일상적이지 않고 연말에 몰리는 사회 분위기. 비록 많이 늦기는 했지만 이제라도 이런 문제를 한 번쯤 깊이 들여다봐야 할 것이다. 늦었다는 것을 알아차렸을 때가 무언가를 시작할 수 있는 가장 빠른 지점일 수도 있다.

그때의 터줏대감은 지금 어디에···

거대한 주상복합아파트들이 들
어선 황학동 일대는 몇 년 전까지만 해도 그런 모습이 아니었
다. '아저씨가 먹으면 요강이 깨진다'는 정체 모를 약을 파는 약
장수와 도대체 쓸 데가 있을까 싶은 고물을 파는 상인, 철 지난
성인용 비디오테이프와 신용불량자도 개통할 수 있다는 휴대
전화를 어지럽게 진열해놓고 파는 이들로 북적였다. 그것을 구
경하거나 구입하려는 남녀노소 장삼이사들로 시끌벅적 왁자지
껄했던 것은 물론이다. 한국 최대의 중고품 시장이 들어서 있던
황학동은 시쳇말로 '새것' 말고는 안 파는 게 없는 도깨비시장
이었다.

하지만 청계천 복원공사와 함께 시작된 주변부 재개발사업
으로 황학동 골동품 시장은 거대한 타격을 받을 수밖에 없었다.
상인들은 청계천 복원사업을 두고 자연 하천을 복원하는 게 아
니라 그 주변을 재개발하기 위한 사업이라고 비판했지만 그들
의 목소리를 귀담아 들어주는 이들은 없었다.

황학동 일대를 답사하다 만난 '민속골동'이라는 골동품 전문

황학동 도깨비시장의 풍경.

상점의 김정남 사장은 지금도 기억에 남는다. 30년째 만물상을 운영해오고 있던 그는 부산에서 고등학교를 졸업한 뒤 선박회사에서 일하다 1972년 혈혈단신으로 서울에 올라와 황학동에 터를 잡았다고 했다. 학창 시절 역사를 좋아했던 그는 역사책과 미술책 들을 섭렵하며 '대학교수'라는 별명을 얻을 만큼 고서적과 골동품 연구에 몰두했고 우여곡절 끝에 내로라하는 골동품 전문상점으로 발전시켰다. 자수성가한 이답게 누구보다 호방했다.

이제 김 사장은 그때의 에너지 넘치던 김 사장이 아니다. 때아닌 대형 공사로 동네가 시끄러워지고 그 와중에 단골이 떨어져나가는 등 적지 않은 타격을 입은 이후 재기를 위해 안간힘을 쓰고 있다. 수많은 청계천 상인들이 걱정했듯 청계천 복원공사라는 이름으로 시작된 사업은 결과적으로 청계천 주변부 재개발사업으로 판명 났고, 그때까지 존재했던 서민들의 공간을 상당 부분 앗아가버렸다.

물론 근처에 도깨비시장이 다시 들어섰고 청계천 너머 동묘 근처에서 벼룩시장이 열리고는 있지만, 이전과는 달리 번듯한 건물에 들어가 장사하는 이들은 훨씬 적어 보인다. 청계천 복원사업과 함께 상가 임대료가 덩달아 상승한 탓이다.

김 사장이 진열장 속 깊은 곳에서 꺼내 보여준 일기장에는 이런 글귀가 적혀 있었다.

> 세월 가면 잊어질까. 세월아 말 좀 해다오. 얼마나 고달프고 슬픈 날이 많은지. 배가 고파 울고, 외로워 고독하여 울고, 무서워서 떨고, 추워서 떨고, 괄시 받아 북받치던 옛날이 곧 오늘이구나….

청계천에 맑은 물이 흐르기 시작한 지 10여 년이 흘렀다. 그곳에 깃들어 살던 서민들의 삶은 그만큼 맑아졌는지 의문이다.

"내가 어떻게 소멸해가는지 봐두게"

청계천 공구상가

날은 덥고 습도도 높던 2003년 어느 여름, 청계천 3가와 4가 사이의 공구상가 골목을 답사하고 있었다. 좁고 구불구불한 골목 사이에는 각종 기계와 공구 가게들, 금형공장들이 몰려 있었다. 영세한 공장들을 잇는 짐수레와 오토바이 들을 피해가며 걷는다는 것은 쉬운 일이 아니었다.

그런 골목을 걸으며 받았던 느낌은 우수 그 자체였다. 곧 있을 청계천 복원에 대한 기대감은 읽히지 않았다. 1982년 이래 작은 금형공장을 운영하고 있던 이 씨 역시 기약 없는 앞날에 대한 걱정으로 밤잠을 설치는 사람 가운데 한 명이었다. 청계천 복원과 함께 추진된 '주변부 재개발사업' 탓이다.

일주일에 80시간 이상 일하며 두 딸을 대학까지 보냈지만 졸지에 공장 문을 닫아야 할 처지에 놓였다. 재개발을 통해 아파트를 지을 때 정작 추가 분담금을 낼 돈이 없는 원거주자는 결국 분양권을 팔고 떠나야 하듯, 이 씨와 같은 영세한 공장주나 기술자 들에게 새로운 이주지를 찾아갈 만한 여유가 있을 리 없었다. 이 씨는 다른 공장주들과 힘을 모아 싸워보기도 했지만

청계천 복원사업은 서민들의 생활 근거지를 앗아가는 부작용을 낳기도 했다. 2003년 지금은 철거돼 사라진 삼일아파트 옥상에서 주민들이 "대책 없는 강제철거를 중단하라"고 요구하고 있다.

수많은 시민이 찬성하는 '물이 흐르는 청계천' 복원사업 앞에서 목소리를 내는 일은 버겁기만 했다.

그로부터 10여 년이 흐른 지금, 청계천은 도심 속 여유를 즐기려는 사람들로 늘 북적인다. 한강물을 억지로 끌어다가 흘려보내는 탓에 부영양화 현상도 심하고 때로 악취도 나지만 그것에 신경 쓰는 사람들은 거의 없는 듯하다. 속도전 치르듯 진행한 청계천 복원공사 와중에 사라져버린 청계천 7~9가의 서민 거주지를 떠올리는 사람 역시 찾아보기 힘들다.

그곳을 터전으로 삼아 살아가던 수많은 이 씨와 김 씨들은 지금 어떻게 되었을까? 청계천 3가에 있던 영세 공장들이 이전해 간 송파구 문정동의 한 대형 상가를 찾았다. 당시 서울시가 마련해준 대체지였다.

겉보기에는 그럴싸했지만 분위기는 10여 년 전 청계천 3가와 크게 다를 것이 없었다. 임대료 부담으로 청계천에서 옮겨온 공장과 상점 들이 하나둘 다시 다른 곳으로 떠날 채비를 하고 있었기 때문이다. 심지어 상가 운영 자체가 기로에 서 있는 듯했다. 그때, 지금은 어디에 있는지 알 수 없는 이 씨가 2003년에 했던 말이 새삼 떠올랐다.

앞으로 내가 어떻게 소멸해가는지 봐두게. 기억하기 싫다고 해도 그게 바로 청계천의 진짜 역사, 그리고 대한민국의 진짜 역사일 거야.

"잠깐 참으라"는 팻말보다
필요한 것은…

마포대교

동쪽 팔당대교에서 서쪽 일산대교까지 서울·경기권의 한강 다리는 모두 31개에 달한다. 자동차나 전철을 이용해 건너는 것이 일반적이지만 대부분의 다리에는 걸어서 건널 수 있도록 인도가 마련되어 있다.

알고 보면 이렇게 한강을 걸어서 건널 수 있게 된 건 채 100년 정도밖에 되지 않는다. 1917년 한강대교의 전신인 '한강인도교'가 놓인 이후 가능해진 일이다. 한강인도교에는 이름 그대로 폭 4.5미터 정도의 차도 외에 폭 1.6미터짜리 인도에다 가로등까지 있어 한강을 걸어서 건널 수 있었다.

독특한 것은 다리 한복판에 "일촌대기一寸待機"라고 쓰인 팻말을 세워두었다는 점이다. '잠깐 참으라'는 뜻으로, 자살하려는 이들에게 한 번 더 고민해볼 것을 촉구하는 내용이다. 또 당시 '소년군'이라 불렸던 보이스카우트가 순찰을 돌았는가 하면 다리 초입에 파출소를 운용하기도 했다.

한강인도교 준공 2년 뒤 3·1운동이 일어난 데서 알 수 있듯 당시는 일제의 무단통치, 즉 물리적 힘을 이용한 폭력적인 지배가 이뤄지던 시절이었다. 남녀 간의 문제만이 아니라 이런저런 사회적인 동기로 삶에 의욕을 잃고 자살하는 이들이 적지 않았다고 하는데, 이렇다 할 고층건물이 없다 보니 한강인도교가 자살 장소로 곧잘 이용됐던 모양이다. 신문이 "한강漢江이냐 … 한강恨江이냐…"라며 탄식할 정도였다.

사실 한강 다리들이 극단적인 선택을 하는 이들에게 이용되는 것은 지금이라고 해서 크게 다르지 않다. 통계청에 따르면 2013년 1만 4427명에 이르는 이들이 스스로 목숨을 끊었는데, 인구 10만 명당 28.5명으로 OECD 회원국 평균보다 세 배나 많은 수준이다. 그중에서 최근 5년간 한강 다리에서 투신한 이가 1,000명 정도 되는데, 마포대교와 한강대교가 각각 1, 2위를 차지해 '자살 대교'라는 불명예를 안았다.

유독 마포대교와 한강대교에 자살 시도자들이 몰리는 이유는 뭘까? 두 다리가 다른 다리들보다 접근성이 좋아서일까? 서울시는 2012년 시작한 '생명의 다리' 시범사업 대상지로 마포대교를 택했다. 다리 난간에 "파란 하늘을 봐봐" "많이 힘들었구나" "별 일 없지?"와 같은 문구를 새겨 넣고, 다리 중간에는 'SOS 생명의 전화'까지 설치했다. 위로와 관심이 필요한 이들에게 감성적 메시지를 대화하듯 전달함으로써 극단적인 선택을 막아보겠다는 취지다.

마포대교에 설치되어 있는 'SOS 생명의 전화'.

　이런 아이디어도 좋지만 근본적인 해소를 위한 노력이 필요한 게 아닐까? 자살은 복합적인 문제에서 비롯된 것인 만큼 사람들이 왜 극단적인 선택을 할 수밖에 없는지 그 원인을 먼저 살펴야 할 일이다.

　2014년 마포대교에서 자살한 이는 5명이었다. 그러나 여기에는 179명이라는, 다리 밑으로 투신했다가 구조된 이는 포함되어 있지 않다. 나아가 같은 해에 실시한 사회조사 결과를 보면 국민의 6.8퍼센트가 자살 충동을 느낀 것으로 나타났다. 21세기형 '일촌대기' 팻말보다는 그곳으로 향하는 이들의 속마음을 보듬어주고 구조적 대안을 찾아 해결하려는 사회적 접근이 더 절실해 보이는 까닭이다.

노동자의 생활을 '체험'한다?

2013년 가산동 가산디지털단지 바로 옆에 '구로공단 노동자 생활체험관'이 문을 열었다. 지난 시대 노동의 역사를 잘 알지 못하는 젊은이들에게 한국의 경제성장을 견인했던 구로공단의 역사를 전승하고, 민주화를 앞당기는 데 기여한 여성 노동자들의 공로를 기념하고 되새길 수 있도록 하기 위해 만든 공간이다.

안으로 들어가 보면 먼저 지하 1층에 '공순이'라 멸시받았던 여성 노동자들이 살던 쪽방들이 줄지어 있다. 다닥다닥 붙어 있는 모습 때문에 '벌집' 또는 '닭장집'이라 부르기도 했는데 면적이 고작 5~6제곱미터에 불과해 성인 한두 명만 누우면 꽉 찰 정도다.

지상층에는 노동자들의 공장 밖 생활을 비롯해 야학에서 공부하는 모습을 묘사해놨다. 영어 단어를 몰라 상표 하나 제대로 붙일 수 없었던 당시 여성 노동자들의 현실과 그러한 한계를 극복하려고 노력한 학구열을 그대로 보여준다.

그런데 시설 이름에 자꾸만 눈이 간다. 노동자, 특히 공장 노

구로공단 노동자 생활체험관 내부.

동자의 생활을 '체험'한다는 말이 과연 무슨 뜻일까? 공장 노동
자의 생활과 삶이란 것을 이런 곳에 와서 '체험'해봐야 할 정도
로 노동자의 생활이란 것이 이제는 접하기 힘든 역사책 속의 일
이 되어버린 것일까?

　구로공단 노동자 생활체험관에서 멀지 않은 곳에는 지금도
'벌집'들이 여럿 남아 있다. 경제 사정이 좋지 않은 도시빈민이
나 이주노동자, 특히 중국 동포들이 여전히 삶을 일구어가는 터
전이다.

　1960~1970년대보다는 나아진 듯하지만 이 시대 노동자들의

현실 역시 열악하기는 마찬가지다. 통계청에 따르면 2014년 3월 기준으로 한국 전체 임금노동자 1839만여 명 가운데 32.1퍼센트에 달하는 591만여 명이 비정규직이다. 그중에서도 구로공단 노동자는 절반에 가까운 45.9퍼센트가 비정규직이며, 15.7퍼센트는 최저임금조차 받지 못하는 것으로 조사됐다. 반세기 전에는 '공순이', 반세기 뒤에는 '비정규직' 인생살이인 셈이다.

더욱이 작업 중 다치면 산재보험 적용은커녕 급여도 받지 못하고 내쫓기는 이주노동자나 수십 잔의 커피를 팔아야 겨우 커피 한 잔 값을 버는 시간제 아르바이트 노동자들의 삶은 통계에서 제대로 파악조차 되지 않는다. 그런 노동자 중에서도 여성들에 대한 처우는 더욱 열악하기만 하다.

지금이라도 노동자의 사회적 위상과 의미에 시선을 주려는 시도가 반갑기는 하다. 그렇지만 양상은 다를지언정 본질은 크게 달라지지 않은 이 땅의 노동 현실을 마치 다 지나간 일처럼 다루는 것이 합당한 것일까? 구로공단 노동자 생활체험관을 돌아보다 보면 피하고 싶은 현실을 그저 외면하려고만 하는 듯한 한국 사회와 맞닥뜨리게 된다.

사람이 꽃보다 먼저다

덕수궁 대한문 앞

서울시청 서소문청사 13층에 마련된 정동전망대에 올라가본 적이 있다. 덕수궁(경운궁)과 서울광장 일대는 물론 멀리 백악산과 북한산까지 한눈에 들어왔다. 명소별 설명이 담긴 안내문도 있어 이 일대의 어제와 오늘을 조망하기에 맞춤했다.

그런데 한 가지 이전과는 달라진 모습이 눈에 띄었다. 대한문 앞에 있던 쌍용자동차 해고 노동자들의 천막 분향소가 보이지 않았다. 관할 지자체인 서울 중구청이 모두 철거해버린 탓이다. 그 자리에는 다시 천막을 치지 못하게끔 대형 화단을 조성해놓았다.

아이로니컬했다. 중구청은 그 천막들이 불법적으로 설치된 것이기에 어쩔 수 없이 철거할 수밖에 없었다고 했지만 알고 보면 당시 중구청의 행위도 지극히 탈법적이었다. 대한문 앞은 역사문화환경 보존 구역이기에 만약 그곳에 화단을 조성하려면 먼저 문화재청으로부터 현상변경 허가를 받아야 했다. 그러나 중구청은 그러한 절차를 먼저 밟지 않았다. 탈법이 불법을 나무

갑작스럽게 철거된 쌍용자동차 해고 노동자들의 천막 분향소.

란 꼴이었다.

　정동전망대에서 내려와 농성 천막이 있던 곳으로 향했다. 그 어디에서도 2009년 당시 경영을 잘못한 경영진은 그대로인데 왜 3,000명에 가까운 노동자들이 공장을 떠나야만 했는지, 왜 해고 노동자와 그 가족 26명이 스스로 목숨을 끊을 수밖에 없었는지, 그리고 왜 남은 노동자들이 대한문 앞에 천막을 칠 수밖에 없었는지에 대한 사회적 고민은 엿보이지 않았다.

　물론 왜 꼭 공공장소에 농성장을 차려야 하느냐며 불편함을 지적하는 이들도 있다. 그러나 한국 사회는 사회적 약자 중에서도 약자인 해고 노동자들에게 별다른 관심을 보이지 않는다. 그

천막 분향소가 있던 자리에 조성된 화단.

렇기에 '광장'과 '거리'는 벼랑 끝에 놓인 사람들이 자신의 처지를 시민들에게 직접 호소할 수 있는 마지막 장소다. 쌍용자동차 해고노동자와 그 가족들, 용산참사 유가족과 해군기지 건설을 반대하는 제주 강정마을 주민들, 그리고 경남 밀양의 송전탑 반대 주민들이 서울로 올라와 대한문 앞에 이른바 '함께 살자 농성촌'을 만들었던 이유이기도 하다.

'임시 시설'이라며 만들어놓고 수년이 지나도록 그대로인 대한문 앞 화단… 사람이 있어야 할 자리를, 아니 그렇게 말하기도 슬픈 곳을 꽃밭으로 대치해버리는 이 사회를 과연 정상적인 사회라 할 수 있을까.

판화가의 동분서주가
반갑지만은 않은 까닭

광화문광장에 차려진 세월호 유가족 단식농성장 앞을 지날 때면 생각나는 예술가가 한 명 있다. 판화가 이윤엽이다. 그를 처음 알게 된 건 2006년이다. 이 작가는 경기도 평택시 대추리에 있는 마을회관에 머물고 있었다. 별다른 연고도 없는 대추리를 작업 장소로 택했던 이유는 '절박함' 때문이라고 했다.

그의 마음은 그해 5월 4일과 5일의 대추리 상황을 묘사한 작품 〈황조롱이의 숲〉을 통해 어느 정도 가늠해볼 수 있었다. 칠흑 같은 어둠 속에서 곤봉과 방패로 무장한 전경들이 떼를 지어 진격하는 모습이 묘사돼 있다. 실제로 당시 대추리에서는 행정대집행이 이뤄지고 있었다. 여느 행정대집행들과 달리 1만 5000명의 군인과 경찰이 직접 나섰다는 점이 의미심장한데, 대추리와 바로 옆 도두리 일대가 미군기지 확장 예정지로 낙점된 상태였다.

당시 국가가 결정했으니 따라야 한다는 공권력의 우격다짐 앞에 고향과 농토에서 내몰릴 처지에 놓인 주민들은 단결했다.

평택 대추리 주민들의 단결을 상징화한 이윤엽 작가의 벽화.

천주교정의구현전국사제단 소속 신부들과 시민사회단체 회원들, 대학생들도 연대했다. 그리고 이윤엽과 같은 예술가들은 판화와 벽화를 그리며 힘을 보탰고 나아가 한 가닥 희망으로 승화시키려 애썼다.

그러나 군대까지 동원해 옥죄어온 공권력을 주민들은 끝까지 막아낼 수 없었고, 2007년을 전후해 대추리와 도두리는 미군기지 영역 안으로 흡수되었다.

다윗과 골리앗의 싸움 같은 현장에 판화가 이윤엽이 뛰어들었던 까닭은 무얼까? 그에게 미술이란 여느 예술가들의 고답적이며 우아한 작업이 아니었다. 평택에서 처음 만난 이후 수년 만에 다시 만난 이윤엽은 "연대를 필요로 하는 현장에 판화로 힘을 보태는 것이 나의 역할, 나아가 예술가의 역할이어야 한다"라고 말했다. 그는 이후에도 다른 사회참여적 문화예술인들과 함께 일명 '파견미술팀'을 만들어 서울 용산참사 현장과 부산 한진중공업 타워크레인 농성장, 제주 강정해군기지 건설현장, 그리고 경기도 평택 쌍용자동차와 대한문 앞 농성장, 밀양 송전탑 건설현장 등 예술가들을 필요로 하는 '사회적 약자들의 현장'을 찾고 있다.

사회 갈등의 현장에서 그 저변의 부조리와 모순을 보도해야 하는 언론이나 그러한 문제를 해소하기 위해 애써야 할 정치인은 정작 잘 보이지 않는 오늘의 한국…. '파견미술가' 이윤엽의 동분서주가 반갑기는 하지만 동시에 그가 그래야만 하는 현실이 야속하기만 하다.

차들이 사라진 거리를 걸으며

홍대 앞 주차장 골목과 연세로

얼마 전 홍대 앞에 간 적이 있다. 분위기가 예전과는 딴판이었다. 홍대 앞 주차장 골목, 즉 홍익로에서 와우산로 21길에 이르는 일명 '어울마당로'에 움직이는 차들이 보이지 않았기 때문이다. 들어보니 같은 날 차량 통행이 금지된 곳은 홍대 앞만이 아니었다. 은평구 연신내의 '연서로 29길'에서도 지나가는 차량에 마음 졸이지 않고 걸을 수 있었다고 한다.

사실 연서로 29길 같은 경우에는 도로를 따라 100여 개의 점포가 몰려 있는 데다 주변에 학교와 학원, 공원이 많아 자동차보다는 도보 위주의 교통정책이 필요한 것 아니냐는 지적이 꾸준히 제기되어온 지역이다. 바로 그런 곳에서 지역 상인들이 먼저 보행 전용거리 조성을 요구했다는 점이 예전과는 달라진 사회 분위기를 느끼게 한다. 천천히 걷는 사람들이 많아지면 차를 타고 그냥 휙 지나가는 것보다 상권 활성화에 도움이 된다는 것을 주말 인사동 거리의 예에서 확인한 것이다.

보행 전용거리는 조만간 '이태원로'를 비롯해 창덕궁 앞의

보행 전용거리로 바뀌기 전의 신촌 연세로. 이제 보행자 외에는 버스와 긴급차량만 통행할 수 있다.

'돈화문로'와 '강남대로' 등으로 확대될 예정이다. 홍대 앞 어울마당로 역시 시범운영을 거쳐 주말마다 보행 전용거리로 본격 운영할 계획을 세우고 있다. 신촌로터리에서 연세대 앞까지 550미터 구간의 '연세로'는 이미 버스와 같은 대중교통 수단이나 긴급차량 그리고 보행자만 통행할 수 있다. 서울시는 아예 도심의 차로를 하나씩 줄이는 계획까지 세워두고 있다.

물론 그렇다고 해서 모든 게 완벽한 것은 아니다. 아직도 시각장애자나 지체장애자와 같은 이들은 집 밖을 나서기가 쉽지 않은 것이 현실이다. 점자 유도블록이 가로수나 상점의 입간판에 의해 끊긴 곳이 많고, 횡단보도가 없어 지하도나 육교를 이용해야 하는 길도 여럿이며, 보도블록의 턱이 높은 나머지 오히려 부상 위험을 가중시키는 요인이 되기도 한다.

요즘 들어 서울 거리에 변화의 바람이 불어오는 것만은 사실이다. 차량 위주의 정책에서 걷는 이들을 위한 정책으로 나아가는 인식의 전환…. 미진한 곳은 보완해가면서 걷기 좋은 서울을 만들어나가는 작업이 이제 막 첫 발걸음을 뗐다.

'거리의 지뢰' 볼라드
국립서울맹학교

종로구 신교동, 그러니까 경복궁과 인왕산 사이에는 국립서울맹학교가 있다. 2013년에 개교 100주년을 맞은 유서 깊은 학교로 200여 명의 시각장애 학생이 재학 중이다. 근처를 지나다 보면 지팡이로 점자 유도블록을 두드려가며 걷는 학생들을 만나곤 한다. 그런데 종종 위태로운 모습이 보여 간담이 서늘해질 때가 한두 번이 아니다. 지하철 3호선 경복궁역에서 학교까지 2킬로미터가 채 안 되는 짧은 거리임에도 '볼라드bollard', 즉 자동차가 인도로 진입하는 걸 막으려고 세워놓은 말뚝에 학생들이 무릎을 부딪히는 광경을 목격하기 때문이다.

시각장애인들에게 서울만이 아니라 전국 곳곳의 도로는 위험천만하다. 정지선을 지키지 않는 자동차 운전자들이 많고, 심지어 인도로까지 올라와 질주하는 오토바이가 부지기수다. 그런 경우를 대비해 볼라드를 설치했지만, 그 볼라드마저 오류가 많나는 데 문제가 있다.

'교통 약자의 이동 편의 증진법' 시행규칙 제9조에 따르면 자동차 진입 억제용 말뚝인 볼라드는 보행자의 통행을 방해하면 안 된다. 보행자의 안전을 고려해 높이가 80~100센티미터, 지름이 10~20센티미터, 간격은 1.5미터 내외여야 하고, 행여 보행자가 부딪힐 수 있기 때문에 충격을 흡수할 수 있는 재료를 사용해야 한다. 그러나 부드러운 재질의 고무나 플라스틱 등으로 된 볼라드는 거의 찾아볼 수 없다. 시멘트나 화강석 또는 강철로 만든 볼라드가 대부분이다. 높이도 어중간해서 자칫 부딪히기라도 하면 무릎이나 정강이 부상으로 이어지기 십상이다. 밝은색의 반사도료를 칠해야 한다고 되어 있지만 그 규정을 제대로 따른 볼라드는 많지 않다.

바닥에 깔려 있는 점자 유도블록 역시 한계가 있다. 시각장애인들은 점자만이 아니라 유도블록의 밝고 선명한 노란색에 의지해 길을 걷는 때도 많다. 그런데 신축 건물의 경우 외벽 색상을 고려해 노란색이 아니라 시각장애인들은 파악하기 힘든 은색이나 검은색 점자 유도블록을 설치하는 사례가 적지 않다. 스테인리스로 된 은색 점자 유도블록은 햇빛이 반사되면 너무 밝아 눈이 부시고, 검은색 점자 유도블록은 비장애인에게는 세련되어 보일지 몰라도 시각장애인들에게는 너무 어두워 자칫 웅덩이로 오인될 수 있다. 하나같이 시각장애인들의 안전한 보행에 방해만 되는 장애물이다. 심지어 지난 몇 년 동안은 '디자인

인도 위를 질주하는 오토바이. 한국의 거리는 여전히 위험천만하다.

도시'를 만든다며 그나마 있던 점자 유도블록을 없애버리기까지 했다.

2012년 말 고작 서너 걸음을 떼지 못해 화재연기에 질식해 숨을 거둔 지체장애인 고 김주영 씨의 부음은 모두를 놀라게 했다. 얼마 뒤에는 부모가 일을 나간 사이에 단둘이 집을 지키던 뇌병변 장애 소년과 누나가 화재로 중태에 빠지는 안타까운 일이 벌어졌다. 지금 그 사고를 기억하는 이가 몇이나 될 것이며, 당시 제기된 문제들은 과연 해결이 되었을까? 그런 극적인 경우가 아니더라도 한국 사회의 장애인 인권에 대한 '일상적 감수성'은 지극히 열악하기만 하다.

'황연대성취상' 그 너머

정립회관

서울시와 경기도 구리시 경계에 자리 잡은 아차산은 고구려가 쌓은 보루의 흔적들이 남아 있는 곳으로 잘 알려져 있다. 그런 아차산을 오르다 보면 한국 사회의 발전상을 가늠해볼 수 있는 곳도 만나게 된다. 등산로 초입에 있는 '정립회관'이 그곳으로 1975년 '한국 최초의 장애인 이용시설'로 문을 열었다.

정립회관에 시선이 가는 가장 큰 이유는 한때 장애인올림픽이라고도 불렸던 '패럴림픽Paralympic'의 MVP상이라 할 수 있는 '황연대성취상'을 만들어낸, 황연대 전 정립회관 관장의 체취가 남아 있는 공간이기 때문이다. 1938년생인 황 전 관장은 세 살 때 소아마비에 걸려 한쪽 다리에 장애를 얻었지만 좌절하지 않고 끊임없는 노력을 기울인 끝에 의학박사가 된, 한국 최초의 여성 장애인 의사다.

그녀가 대단한 것은 단순히 개인적인 성취를 이뤄냈기 때문이 아니다. 황 전 관장은 1988년 국내의 한 언론이 선정한 '오늘의 여성상' 수상자로 뽑힌 적이 있다. 그녀는 당시 받은 각종 상

2012년 런던패럴림픽 '황연대성취상' 시상식. 손을 흔들고 있는 이 중 오른쪽이 황연대 전 정립회관 관장.

금을 국제패럴림픽위원회의 전신인 세계장애인스포츠기구 국제조정위원회에 기증했다. 그러면서 제24회 서울올림픽에 이어 열린 서울패럴림픽 출전 선수 가운데 장애를 극복한 최고의 남녀 선수에게 전달해줄 것을 제안했다. '황연대성취상'의 전신인 '황연대극복상'이 만들어지던 순간이었다. 첫 수상자는 창던지기와 투포환, 원반던지기에 출전해 동메달 세 개를 목에 건 영국의 앤 트로트맨과, 시각·청각장애를 가진 이로서는 최초로 유도 검은띠를 보유한 캐나다의 피어 모르텐이었다.

황연대극복상은 애초 일회성으로 기획된 것이었지만 제25회

대회였던 스페인 바르셀로나패럴림픽 사무총장의 제안으로 공식 상이 되었다. 1994년부터는 동계대회에서도 수상자를 선정하고 있으며, 2008년 베이징패럴림픽부터는 '황연대성취상'으로 이름이 바뀌어 오늘에 이르고 있다.

세계적인 상이 한국인의 이름을 갖고 있다는 것은 가슴 뿌듯한 일이다. 그런 반면 한국의 장애인 체육 현실은 아직 가야 할 길이 천만 리다. 장애가 극복의 대상만은 아니라는 판단에 상 이름을 '황연대극복상'에서 '황연대성취상'으로 바꾼 것처럼, 장애를 바라보는 한국 사회의 시선 또한 어서 개선되기를 기대해본다.

128년 만의 재개국

우정총국

종로구 견지동 조계사 바로 옆에는 오래된 한옥 한 채가 서 있다. 이 땅에 설립된 최초의 우체국이자 근대적인 우정사업의 발원지인 '우정총국 郵征總局'이다.

우정총국이 처음 문을 연 것은 대한제국이 성립되기 전인 1884년이었다. 현재 '정보통신의 날'로 지정해 기념하고 있는 그해 4월 22일, 고종이 우정총국을 설치하라는 전교를 내리면서 11월 18일 업무를 시작했다.

그러나 12월 4일 열린 개국 축하연을 이용해 일본에 기운 개화파 인사들이 갑신정변을 일으켰다 실패하면서 우정총국은 문을 연 지 21일 만인 12월 9일에 폐쇄되고 말았다. 건물은 그 뒤 중국어 교육기관인 한성한어학교 漢城漢語學校 나 사립 중등학교인 중동학교 中東學校 교사로 쓰이다 1930년대에는 경성중앙우체국장 관사로 이용되었다. 초기의 웅대한 뜻과 달리 건물의 실제 용도는 초라했다.

그랬던 우정총국이 문을 닫은 지 128년 만인 2012년 여름 다시 문을 열었다. 이번엔 명실상부한 우체국으로서다. 다만 건물

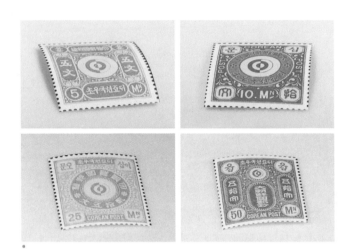

한국 최초의 우표인 '문위우표'.

이 문화재인 사적으로 지정되어 있는 것을 감안해 본연의 기능을 복원하기는 하되 제한된 공간 안에서 소포와 등기 서비스를 제외한 기본적인 우편 서비스만 제공하고 있다.

　내부에는 한국 최초의 우표인 '문위우표文位郵票' 5종을 비롯해 한국 최초의 기념우표인 '고종황제 즉위 40주년 기념우표' 등을 전시해두었다. 1900년대 우체국에서 실제 사용했던 날짜 도장과 우편물의 무게를 측정할 때 사용했던 저울을 통해 초기 우체국의 모습을 엿볼 수도 있다. 또 서양 각국의 근대 우정 현황을 소개한 옛 신문기사를 포함해 모두 37종 114점의 전시물을 만날 수 있다.

우정총국이 설립되기 이전의 역참제 아래에서는 극히 일부 계층만 우편이나 통신을 이용할 수 있었다. 비록 금세 문을 닫기는 했지만 우정총국을 계기로 신분이나 지위고하를 막론하고 누구나 우표만 사면 통신을 할 수 있는 근대적인 우편제도가 시도되었던 것이다. 겉보기에는 단순한 한옥 한 채에 불과할지 몰라도 우정총국 건물 안에 서려 있는 '통신 기회의 평등'과 같은 역사적 의미는 결코 간단치가 않다.

만인을 위한 의료기관을 꿈꾸다

제중원 터

제중원 터

濟衆院址

제중원은 1885(고종 22)년 알렌(Allen)의
건의에 따라 통리교섭통상사무아문 산하에
설립된 서양식 병원이다. 처음에는 광혜원
(廣惠院)으로 이름 붙였다가 취소하고
제중원으로 하였다. 2년 뒤에 구리개(銅峴)
로 옮겼다. 제중원 건물은 홍영식(洪英植)의
집이었다.

재동에 있는 헌법재판소 앞을 지날 때면 생각나는 것이 있다. 만인의 의료 평등을 상징하던 병원이 한때 그곳에 있었다는 사실이다. 1885년 문을 연 한국 최초의 서양식 국립병원 '제중원' 이야기다.

수술실과 진찰실, 입원실 등을 갖추고 있던 제중원은 이전의 의료기관들과 성격이 판이했다. 제중원에서는 궁중의 귀인이나 양반은 물론 일반 백성에 걸인, 그리고 나병 환자까지 진료를 받을 수 있었다. 신분이나 지위의 높고 낮음, 재산의 많고 적음은 상관이 없었다.

그랬기 때문일까? 제중원에서 치료받은 사람의 수가 첫 일 년 동안 1만여 명에 달했다. 많을 때는 하루에 260명이 넘는 환자들이 찾았다고 한다. 설립 이듬해에 구리개, 즉 지금의 을지로 외환은행 본점 자리로 시설을 확대 이전해야 했을 정도였다.

그즈음부터는 단순히 진료나 수술만 한 것이 아니라 의학교육도 병행하기 시작했다. 한국 최초의 의과대학이라 부를 수 있는 '제중원 의학당'이 그것이다. 약 조제법을 비롯해 의료기구

재동 시절의 제중원(위)과 지금의 을지로와 명동 사이로 이전한 뒤의 제중원(아래).

사용법과 환자 간호법, 해부학 등은 물론 물리와 화학, 영어와 같은 기초 학문까지 가르쳤다. 첫해 입학생은 16명의 조선 청년들이었다.

제중원의 미래가 밝기만 했던 것은 아니었다. 조선 정부의 재정난이 심화되면서 1890년 제중원 의학당의 의학교육은 중단되었다. 더욱이 1894년 들어 동학농민전쟁과 갑오개혁, 청일전쟁이 잇따르면서 조선은 물론 동아시아 전체의 정세가 요동치기 시작했다. 제중원 의학당만이 아니라 그 모체인 제중원마저 운영에 집중할 수 없는 상황이었다.

물론 조선에 근대적 의료기술을 도입한 병원이 제중원이 처음은 아니다. 제중원이 설립되기 훨씬 전인 1877년에 이미 부산에 일본인 병원이 들어서 있었다. 하지만 그 병원은 누구나 진료를 받을 수 있는 '의료 혜택의 평등'과는 거리가 멀었다.

지금으로부터 130여 년 전, 신분이나 지위에 상관없이 누구나 진료를 받을 수 있는 근대적 병원이 이 땅에 탄생했다. 의료 혜택의 부익부 빈익빈을 불러올 게 뻔한 '의료민영화'가 가시화되고 있는 지금의 상황은 과연 호랑이가 담배 피우던 그 시절보다 진보한 것일까? 대답이 쉽지 않다.

"마마야 물렀거라, 지석영 대감 행차시다"

대한의원 의학박물관

　　　　　　대학로 맞은편 연건동에 있는 서
울대학교 병원에 가면 옛 '대한의원' 본관 건물이 있다. 1907년
에 건립한 것으로 현존하는 가장 오래된 병원 건물이다. 대한의
원은 근대 서양 의료기술과 의학교육을 국내에 도입하는 창구
역할을 한 기구이기도 했다. 앞서 1885년에 개원한 최초의 서
양식 국립병원인 '제중원'과 1899년에 문을 연 최초의 근대적
의학교육기관인 '의학교' 그리고 1900년 설립된 국립병원 '광
제원'의 맥을 잇는 것으로 평가된다.

　일제에 강점된 뒤에는 의사나 약제사, 사무원 들이 대부분 일
본인으로 교체됐고 이름도 '조선총독부의원'으로 바뀌었다. 그
러면서 차츰 '조선인의, 조선인에 의한, 조선인을 위한' 근대적
의료서비스 제공 노력이 일본 제국주의의 통치 도구로 변질되
어가기 시작했다.

　그런 와중에도 병든 사람을 고쳐야 한다는 생각을, 아니 병들
기 전에 예방해야 한다는 믿음을 가진 조선인이 있었다. 대표적
인 이가 지석영이다. 의학교가 존속한 1899년부터 1907년까지

내내 교장을 맡았던 지석영은 일본으로부터 '종두법'을 도입해 '마마媽媽' 퇴치에 앞장선 인물이다.

지금이야 그 위험성을 자각하는 이가 거의 없지만 '두창'이나 '천연두'라고도 불린 마마는 수많은 사람들의 생명을 앗아가거나, 목숨은 부지하더라도 얼굴에 평생 안고 살아야 하는 '곰보' 흔적을 남기던 무서운 질병이었다. 얼마나 대단했으면 호랑이에게 물려가는 호환보다도 두려울 정도라 하여 '호환마마虎患媽媽'라 일컬었을까. 실제로 사망률이 매우 높아 한때 한국을 포함해 전 세계 사망 원인의 10퍼센트를 차지하기도 했다. 다행히 끊임없는 노력과 연구개발을 통해 개발해낸 백신 덕분에 1979년 아프리카 소말리아에서 발생한 마지막 환자를 끝으로 마마는 완전히 퇴치한 질병으로 알려져 있다.

대한의원 건물 안에 마련된 의학박물관에 가면 그런 무시무시한 마마를 물리치기 위해 애쓴 지석영의 노고를 돌아보는 전시를 볼 수 있는데, 전시 제목이 '마마야 물렀거라, 지석영 대감 행차시다'이다. 물론 일제가 자신들의 식민지 통치를 정당화하기 위해 지석영과 같은 인물의 업적은 앞에 내세운 반면 이전의 조선 정부가 자체적으로 시행했던 마마 퇴치 노력을 폄하한 측면이 없지는 않다. 또 지석영 스스로 이토 히로부미의 장례식 때 추도사를 낭독하는 등 어두운 개인사를 안고 있는 것도 사실이다.

그럼에도 중요한 것은 근대적 의학기술 도입을 둘러싸고 벌어졌던 이 땅의 다양한 풍경이 머릿속에 그려진다는 점이다. 비록 대한의원 의학박물관이 당시의 모든 역사를 다루고 있지는 않겠지만, 건물 안팎을 살펴보고 전시물을 훑다 보면 한국 근대 의학사가 생생히 되살아난다.

'세계 제2의 피폭국가' 한국

'합천 평화의 집' 서울사무국

2011년에 일어난 후쿠시마 사태 이후 일본산 식재료를 쓰지 않고 있다. 일본 여행도 웬만해서는 가지 않으려 한다. 어느 정도 조심만 하면 방사능 피폭은 나의 일이 아니며 나아가 한국인의 문제가 아니라고 생각했다. 그런데 얼마 전 종로구 운니동에 있는 '합천 평화의 집' 서울사무국을 방문하면서 생각이 완전히 바뀌었다.

보통 '피폭자'라고 하면 후쿠시마 원전 근처의 주민들이나 1945년 일본 히로시마와 나가사키에서 미군의 원폭을 맞은 사람들 또는 체르노빌 원전 피해자를 떠올리기 쉽다. 그러나 피폭자가 그곳에만 있는 건 아니다. 태평양 한복판의 비키니 섬에도 냉전 시절 선진국들의 핵실험 때문에 방사능 먼지를 뒤짚어 쓴 이들이 여럿 살아가고 있다.

그리고 또 한 곳…. 경남 합천군에 적잖은 수의 피폭자들이 있다. 바로 일제강점기에 강제로 끌려가 히로시마와 나가사키에 있다가 피폭당한 이들과 그들의 후손들이다. 원폭 투하 당시 전체 피폭자의 약 10퍼센트에 달하는 7만 명 정도가 조선인이

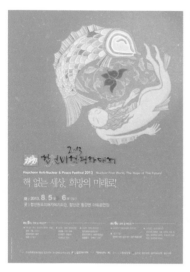

있다. 조선인들은 자신의 전쟁이 아니었음에도 그런 엄청난 희생을 감내해야 했다.

문제는 전쟁이 끝난 뒤 귀국한 피폭 생존자들의 정확한 규모는커녕 실태조차 정확히 밝혀진 게 없다는 데 있다. 상황이 이러니 의료지원이란 것이 있을 리도 만무하다. 방사능 피폭이 유전적으로 얼마나 영향을 미치는지조차 조사된 것이 없어 피폭자 가운데 상당수는 후손들에게 미칠 사회적 차별과 배제를 우려해 숨죽인 채 살아가고 있다.

한국 정부가 쉬쉬하는 사이 원죄국인 일본이 특별조치법이나 원폭의료법, 피폭자원호법 등을 제정하기는 했지만 한국인은 사실상 구제 대상이 아니다. 더욱이 지금 일본은 '세계 유일의 피폭국'이라며 피해자 코스프레를 하고 있는 실정이다. 원폭을 떨어뜨린 미국 역시 무신경하기는 마찬가지다. 결국 보다 못한 사회운동가와 종교인 그리고 시민들이 나서서 2010년 피폭자와 그 후손들을 위한 지원사업의 일환으로 '합천 평화의 집'을 세웠다.

피폭을 바다 건너 일이라 생각하는 사람들이 적지 않다. 잊지 말아야 할 것은 한국이야말로 세계 제2의 피폭국가이며 피폭 문제는 과거의 일이 아니라 지금도 계속되고 있는 문제라는 점이다. 설계수명을 넘겨서까지 가동 중인 부산 기장의 고리원전과 경북 경주의 월성원전 관련 뉴스를 쉬이 흘려듣지 못하는 이유다.

미국대사관 직원 숙소 터의 운명은?

종로구 송현동

광화문에서 인사동 입구 쪽으로 걷다 보면 왼쪽으로 높다란 담장이 나온다. 성인 키의 두세 배를 훌쩍 뛰어넘는 높이라 관심을 기울이지 않으면 안쪽에 무엇이 있는지 알기 힘들다. 이곳에는 얼마 전까지 주한미국대사관 직원 숙소가 있었다.

3만 7000여 제곱미터에 달하는 이 땅을 두고 2008년 이래 논란이 계속되고 있다. 부지를 사들인 대한항공이 자칭 '7성급 호텔'을 짓겠다고 나선 탓이다. 정부도 관광진흥법 개정을 추진하는 등 맞장구를 쳤다. 서울 옛 도심의 중심, 특히 경복궁과 가까운 곳에 고급호텔이 들어서면 고용 창출에 기여할 수 있고 관광산업 경쟁력도 높일 수 있다는 논리다.

그러나 참교육학부모회 등 시민단체들의 생각은 다르다. 부지 바로 옆에 덕성여중고와 풍문여고가 있어 학생들의 학습권이 침해받을 수 있다고 이야기한다. 지금까지는 그런 주장이 먹혀들었다. 2010년 대한항공이 서울중부교육청을 상대로 행정소송을 냈지만 대법원까지 올라가 결국 기각당했다. 현행 학교

사진 왼쪽의 풀밭이 미국대사관 직원 숙소가 있던 송현동 일대.

보건법상 학교 정문이나 후문에서 직선거리로 50미터 이내의 절대정화구역에는 호텔이나 모텔, 여관과 같은 숙박시설을 건립할 수 없기 때문이다.

사실 조금만 들여다봐도 7성급 호텔이 고용을 창출하는 등 사회적으로 도움이 된다는 정부 주장은 논리부터가 잘못되었다는 것을 알 수 있다. 2014년 6월 경실련이 서울시와 문화체육관광부 산하 한국문화관광연구원 자료를 활용해 조사한 결과에 따르면, 호텔 건립으로 늘어나는 일자리라고 해봐야 저임금의 임시·일용직 일자리가 대부분이라고 한다. 호텔 등 숙박업계의 월별 노동시간은 전체 업종 대비 14시간이 더 많은 190.3시간에 달하지만 정작 임금은 75.1퍼센트에 불과하다. 더군다나 임시·일용직 비율이 79.2퍼센트에 달하며 100만 원 미만의 저임금 노동자 비율 또한 33퍼센트나 돼 숙박업계의 노동조건이 다른 업종에 비해 매우 열악한 것으로 조사됐다. 경실련이 "정부는 호텔 건립을 통한 일자리 창출을 언급하기 전에 현 호텔업의 근로조건부터 개선해야 할 것"이라고 지적하는 근거다. 그리고 관광산업 경쟁력은 호텔 숫자가 아니라 잘 보존된 역사문화 경관이 보장해준다. 이는 해외 사례에서 충분히 확인할 수 있다.

그러고 보면 문제의 땅은 구한말 이래 늘 '손님'의 땅이었다. 1920년경 들어선 조선식산은행 직원 숙소가 그 시초다. 조선

1966년 안국동에서 쌍문동으로 옮겨진 이후 2003년 경기도 여주로 다시 옮겨진 감고당.

식산은행은 지금의 산업은행처럼 산업금융을 담당했지만 실상은 조선총독부의 외곽 기구에 가까웠다. 해방 뒤에도 굴곡진 운명은 이어졌다. 미군정 시설을 거쳐 2000년대 초반까지 주한미국대사관 직원 숙소로 쓰인 것이다. 만약 거기에 고급 호텔까지 들어서면 소수의 이용객을 제외한 일반 시민의 접근은 앞으로 더더욱 힘들어질 것이 불 보듯 뻔하다.

공공의 이익보다 사유재산권을 우선시하는 한국 사회에서 제3자가 남의 땅을 두고 이래라저래라 하기는 쉽지 않다. 그렇기에 정부는 관련법 개정에 나서는 등 자본의 요구에 앞장설 것이 아니라 기업과 시민 사이의 중재자가 되어 얽힌 실타래를 풀어야 하지 않을까.

예부터 송현동 일대는 동서로는 경복궁과 창덕궁을 잇고 남북으로는 인사동과 북촌을 이어주는 역사와 문화의 징검다리 역할을 해왔다. 그러던 곳이 일제강점기와 개발시대를 지나오는 동안 낱낱이 훼손되어 민비가 어린 시절을 보낸 감고당이나 세종 때 처음 지어진 안동별궁의 흔적은 아스라이 사라져버리고 말았다. 그리고 이제는 그 터마저 자본의 논리에 밀려 바람 앞 등불 신세가 되어버렸다.

지금은 사라진 '여인들만의 밤'

보신각

지하철 1호선 종각역에서 내리면 사거리 한쪽에 2층 누각이 보인다. 그 누각 안에는 큼지막한 종이 걸려 있는데, 종 자체는 균열 때문에 1986년 새 종으로 바꿔 매단 것이긴 하지만 조선이 일제에 강제병합되기 전까지 하루에 여러 차례 사람들에게 시각을 알려주는 역할을 해왔다. 이 누각이 바로 보신각이다.

러일전쟁을 취재하러 1904년과 1906년 두 차례 조선 땅을 밟은 영국 〈데일리 메일Daily Mail〉의 프레더릭 매켄지 기자에게 시각을 알려주던 보신각 종과 그 뒤에 벌어진 서울의 밤 풍경은 그저 요상하기만 했던 것 같다. 그는 이렇게 적었다.

> 일몰 뒤 한 시간이 지나면 남자는 모두 집으로 들어가고 여인들이 거리에 나온다. 그것은 여인들을 위한 시간이며, 여인들은 이 시간에 거리를 자유롭게 걸을 수 있다.

조선은 철저한 유교국가여서 여자들의 생활에 제약이 많다고 들은 매켄지였지만 밤이 으슥해지자 여성들만 거리를 배회하는 것을 목격한 것이다. 그의 말에 과장이 있을 수 있지만 그보다 약 10년 먼저 조선을 방문했던 영국 지리학자 이사벨라 비숍 역시 서울 밤거리의 독특한 풍경을 묘사해두었다.

저녁 8시가 되면 거대한 종(보신각종)이 울리는데 이것은 남자들에게 귀가시간을 알려주는 신호이며 여자들에게는 외출하여 산책을 즐기며 친지들을 방문할 수 있는 시간이라는 것을 알려준다. 거리에서 남자들을 사라지게 만드는 이 제도는 때로 폐지된 일도 있었는데 그렇게 하면 꼭 사고가 발생했으며, 그로 말미암아 폐지되었던 제도가 더욱 강력하게 시행되었다고들 한다. 내가 처음 서울에 도착했을 때 깜깜한 거리에는 등불을 들고 길을 밝히는 몸종을 대동한 여인네들만이 길을 메우고 있는 진기한 풍경을 볼 수 있었다. 그 밖에는 장님과 관리, 외국인의 심부름꾼, 그리고 약을 지으러 가는 사람들이 통행금지에서 제외되었다. 이러한 제도는 범인 도피에 악용되기도 하며 어떤 자들은 일부러 긴 지팡이를 짚고 장님 흉내를 내기도 한다. 자정이 되면 다시 종이 울리는데 이때면 부인은 집으로 돌아가야 하고 남자들은 다시 외출하는 자유를 갖게 된다.

　두 사람의 말을 종합해보면 조선에서는 마치 해가 진 뒤 여성들만을 위한 외출 시간이 있었던 것처럼 오해할 수도 있지만, 사실 이건 남녀유별을 엄격히 따지던 이른바 '내외법' 때문에 벌어진 풍경이었다. 해가 진 뒤 남녀가 거리에서 마주쳐 불편하지 않게끔 시차를 두어 따로따로 외출하게 한 것인데, 만약 위반하면 10대 이상의 곤장형이 가해졌다. 이런 제도를 알 리 없는 외국인에게는 신기하게 보였을 것이다.

　내외법은 1894년부터 1896년 사이 추진된 갑오개혁 때 폐지됐지만, 이 '여인들만의 밤'만은 일제강점기 초기까지도 마치 관습법마냥 지켜졌다고 한다. 남성들이 몇 시간 동안 거리에 나가지 않고 피해준 것이다. 그러나 이마저도 일제의 통제가 강화되면서 중단되었고, 해방 뒤에는 미군정청과 군사독재 정권들에 의해 오히려 왕조시대에나 있던 '야간 통금'이 부활되었다.

　한국은 현재 경제 규모 면에서 세계 10위권을 자랑하는 경제 강국지만, 유엔개발계획의 '성 불평등지수'는 2012년 기준으로 148개국 가운데 27위. 경제 규모의 양적 성장과는 상관없이 한국은 여전히 남성 중심의 여성 속박 사회라는 것을 보여준다. 내외법의 가부장적 폐습은 버리더라도 여성을 위한 배려와 존중의 마음 씀씀이만은 좀더 배워야 하지 않을까.

5장

변화의
기로 위에서

미스코리아대회의 어제와 오늘 그리고 미래

명동예술극장

리모델링을 마치고 2009년 다시 문을 연 명동예술극장은 원래 영화관으로 지은 건물이었다. 해방 뒤 서울시공관으로 잠시 이용되기는 했지만 서울시립극장과 국립극장 등을 거쳐 지금까지 문화예술의 전당으로서 맥을 이어오고 있다. 더불어 1957년 제1회 미스코리아대회가 열린 곳도 바로 이 건물이었다.

재미있는 것은 많은 시간이 흐르면서 건물의 이름과 용도가 바뀌어왔지만 미스코리아대회의 내용만은 그때나 지금이나 매한가지라는 점이다. 참가자들에게 한복과 양장, 수영복 등을 차례로 입혀가며 내적인 면보다 외적인 면에 중점을 두고 점수를 매길 따름이다.

자격 조건 또한 마찬가지다. '18세 이상 25세 이하'의 젊은 여성만 참가할 수 있고, 결혼이나 출산 경험이 있으면 도전조차 할 수 없다. '고등학교 졸업자 이상'이라는 학력 제한도 덧붙는다. 그나마 차이가 있다면 요즘에는 '흥행단체나 접객업소에 종사한 일이 없는 여성'이라는 조건 따위는 붙지 않는다는 것 정

1960년 제4회 미스코리아대회 중 수영복 심사.

도다.

　반세기가 넘도록 미인을 구별하는 조건으로 육체적인 아름다움 못지않게 이른바 '다소곳함'이나 '참함'을 중시하는 시각에는 큰 변화가 없는 듯하다. 미스코리아대회에 나오기 전에 '성인 화보'를 찍었던 2008년 미스코리아 전북 진이나 '낙태 스캔들' 당사자인 2007년 미스코리아 경북 진의 경우 전국 미스코리아대회에서 미에 당선됐으나 이후 자격을 모두 박탈당했다.

　그렇다고 미스코리아대회를 바라보는 '시각'마저 멈춰 있었던 것은 아니다. 1999년 '도서출판 이프'가 주축이 되어 미스코리아대회는 여성의 성을 상품화하는 대회라며 '안티 미스코리아대회'를 열기 시작했다. 여성의 외모만을 아름다움의 기준으로 삼는 미스코리아대회에 맞선 것이다. 이들은 행사 취지에 동의하는 사람이라면 누구나 참가할 수 있도록 했다. 또 유독 여성들에게 강요되는 날씬한 몸매와 작은 치수의 옷에 반기를 들어 키 155센티미터 이하나 77사이즈 이상의 옷을 입는 여성도 자유롭게 나설 수 있게 했다. 겉으로 보이는 것만이 아름다움의 조건은 아니라는 생각에서다.

미스코리아대회가 처음 열린 지 반세기하고도 여러 해가 흘렀다. 과연 기나긴 역사의 미스코리아대회는 변신을 통해 생명력을 이어가는 명동예술극장처럼 '의란성醫卵性 쌍둥이 대회', 즉 성형 미인 대회라는 비판을 넘어 오래도록 사랑받는 이벤트로 거듭날 수 있을까?

'멸종 위기'에 처한 서점들

신림동 고시촌

서울대학교와 고시촌이 자리한 관악구 신림동에는 유독 서점이 많았다. 그중 몇몇 서점들의 경우에는 책을 사고파는 곳을 넘어 친구들끼리 약속을 확인하는 공간이기도 했다. 지금처럼 휴대전화가 보급되지 않았던 시절이었기에 친구들끼리 만날 일이 있으면 서점 게시판에 며칠 몇 시 어디에서 보자는 식으로 쪽지를 남겼다. 오래된 사회과학서점인 '그날이 오면'이나 '광장서적'이 그런 곳들이었다.

그런데 요즘 그곳 분위기가 영 어슬하다. 2013년 1억 6000만 원의 어음을 막지 못한 광장서적이 결국 문을 닫았기 때문이다. 1978년 '사회에 대한 문제의식을 갖고 쓴 책을 팔면서 생활고도 해결하자'라는 취지로 문을 연 광장서적이었기에 무상함이 더했다.

이제 신림동에 남은 사회과학서점은 '그날이 오면'뿐이다. 서울대 앞에 있던 '열린 글방'과 '아침이슬'은 이미 1990년대 중반 사라졌고, 연세대 '오늘의 책'과 고려대 '장백서원'은 2000년대 초에 간판을 내렸다. 또 성균관대 '논장'은 2004년에, 중앙대

서점 '그날이 오면' 내부.

'청맥'과 동국대 '녹두'도 결국 2011년 문을 닫았다. 대학생들이 취업 공부에만 매달린 나머지 책 읽기를 멀리하면서 벌어진 일이다.

　물론 대학생만 나무랄 일은 아니다. 2014년 현재 대학생들의 월평균 독서량이 약 두 권에 불과하고 책을 전혀 읽지 않는 대학생도 18퍼센트나 되는 건 사실이지만, 대학생이 아닌 성인 중에서도 일 년에 책 한 권 읽지 않는 이가 전체의 절반에 가깝다. 삶이 각박해서인지 단문에만 익숙해져서인지 너도나도 책을 읽지 않는 사회가 되어버렸다.

그나마 책을 읽는다 해도 적잖은 이들이 온라인 서점을 이용하는 탓에 사회과학 서점, 아니 오프라인 서점들은 더이상 발붙일 곳이 없다. 1997년 5,407개에 달했던 전국 서점 수가 6년 만인 2013년에는 1,625개로 급감한 상태다.

더욱이 강원도 고성을 비롯한 전국 30개 지역은 서점이 단한 개뿐인 '서점 멸종 위기지역'이 된 지 오래다. 경북 영양과 인천 옹진 등 전국 네 개 군에는 아예 서점이란 게 없다. 영혼과 지혜의 허기를 달래주는 책을 멀리하고 그 토대가 되는 서점은 멸종 위기에 처해 있음에도 '창조'를 화두로 삼는 오늘날의 한국. 모순도 이런 모순이 없다.

부대찌개의 추억

용산 미군기지

반세기가 넘도록 이 땅에 주둔하고 있는 미군은 우리네 곳곳에 다양한 흔적들을 남기고 있다. 골목 곳곳에서 만나는 '부대찌개' 간판들도 한 예다. 용산 미군 기지에서 멀지 않은 이태원이나 녹사평, 삼각지 일대에는 유독 부대찌개 식당이 눈에 띈다.

부대찌개의 역사는 곧 눈물의 역사이기도 하다. 1960년 12월 22일자 〈동아일보〉 3면을 보면 남대문시장의 한 노점 풍경을 찍은 사진과 함께 이런 내용이 실려 있다.

> 보통 돈벌이가 안 되는 날은 '꿀꿀이죽'이다. '꿀꿀이죽'이란 다름이 아니라 미군부대 취사반에서 미군들이 먹다 버린 찌꺼기(찌꺼기)들을 주위 모아 한국 종업원이 내다판 것을 마구 끓여낸 잡탕 죽이다. 단돈 십 환이면 철철 넘게 한 그릇을 준다. 잘 맞다들리면 큼직한 고깃덩어리도 얻어걸리는 수가 있지만 때로는 담배꽁초들이 마구 기어 나오는 수도 있다. 대개 '꿀꿀이죽'은 아침이 한창. 한 가마 끓여도 삽시간에 낼름 팔리고 만다. '양키'들이

먹다 남은 찌꺼지지만 영양가치는 제일 많다는 것. '꿀꿀이죽'처럼 이 사회에서 버림받은 채 찌꺼지로 살아가는 군상들. 그러나 '꿀꿀이죽'을 파는 할머니는 이들이 유일한 고객인 것이다.

부대찌개의 시원이라고 할 수 있는, 즉 돼지에게나 먹일 '꿀꿀이죽'을 인간이 먹을 수밖에 없었던 한국전쟁 뒤 일상화된 가난의 실상을 고발하고 있는 기사다.

부대찌개라는 명칭은 미군부대에서 흘러나온 잔반을 물에 씻어 찌개로 끓여 팔기 시작한 데서 유래했다. 애초에는 돼지먹

이로나 줄 음식찌꺼기를 활용한 것이었기에 '꿀꿀이죽'이라 불렸고, 때로 자존심 때문에 'UN탕'이라 순화(?)해 부르기도 했다. 1966년 린든 존슨 미국 대통령의 방한 이후에는 그의 성을 따 '존슨탕'이라 부르는 이들도 있었다. 리처드 닉슨 대통령은 동대문시장의 꿀꿀이죽을 직접 맛본 적이 있어 '지한파'로 꼽히기도 했다.

물론 지금의 부대찌개에는 미군이 먹다 남긴 음식찌꺼기를 재사용하지 않는다. '온전한' 햄과 다진 고기 따위가 주재료다. 그러나 노년층에게 부대찌개는 여전히 가난과 궁핍을 떠올리게 하는 음식 중 하나다. 음식은 맛과 풍미 그 자체만이 아니라 지나간 시대를 상기시키는 역사의 한 단면으로도 존재한다.

127년 만에 사라지는 백열구

경복궁 향원지

경복궁 뒤쪽 깊숙한 곳에 '향원지'라는 연못이 하나 있다. 한가운데에는 '향원정'이라는 멋들어진 육각 정자도 보인다.

그런데 이곳이 왕가의 휴식처로만 기능했던 것은 아니다. 1887년 이 땅 최초의 발전기를 설치했던 곳이자 그 전기로 백열구를 밝혀 역시 이 땅 최초의 전등을 켠 곳이기도 하다. 에디슨이 백열구를 발명한 지 8년 만의 일로, 중국이나 일본보다 도입 시기가 빨랐다.

다만 당시의 발전 기술이라는 것은 초보적인 수준이었다. 발전기가 돌아갈 때 나는 열을 향원지 물로 식혀줘야 했고, 기계 돌아가는 소리가 어찌나 컸던지 마치 천둥이 치는 듯했다고 한다.

그런 와중에 전깃불은 재미난 별명을 얻기도 했다. '찔 증蒸' 자에 '물고기 어魚' 자를 쓰는 '증어蒸魚'가 그것이다. 향원지 물을 발전기 냉각수로 쓰다 보니 자연히 수온이 올라갔고 결국 향원지에 살던 물고기들이 떼죽음을 당한 데서 그런 이름이 붙었다.

향원지 북서쪽에 있는 '한국의 전기 발상지' 표석.

　또 발전기가 종종 꺼지고 유지비도 많이 들어가는 통에 '건 달불'이라고도 불렸고, 향원지 물로 불을 켠다고 해서 '물불', 너무 묘하고 괴이한 불이라고 해서 '묘화妙火'나 '괴화怪火'라고 도 불렸다. 그렇게 다양한 명칭이 존재했다는 건 당시 사람들이 전깃불을 그만큼 신기하게 생각했다는 방증일 것이다. 1900년 4월 19일부터는 종로에서도 첫 민간용 전기 가로등 세 개가 빛 을 발하며 사람들의 이목을 끌기 시작했다.

　이 백열구를 이제 얼마 있지 않으면 보기 힘들어질 듯하다. 마 치 플로피디스크가 사라져간 것처럼. 2014년 초부터 국내에서는 백열구를 생산하지도 수입하지도 못하게 됐기 때문이다. 한 때는 신기술의 대명사와 같았지만 백열구야말로 전기에너지 가운데 고작 5퍼센트만 빛을 내는 데 쓸 뿐 95퍼센트는 열로 낭비해버리는 대표적인 저효율 조명기기인 탓이다.

정부에서는 그 대신 에너지 효율이 좋은 LED전구를 보급해나갈 계획이라고 한다. 한반도에 백열구가 들어온 지 127년 만에 일어나는 큰 변화다. 시대의 흐름을 막을 수야 없지만 그 과정에서 어려움을 겪을지 모를 극빈층과 같은 사회적 약자를 위한 배려도 적극 주문하고 싶다.

자연지세가 사라져가는 서울

화동 고갯길

서울에 몇 남지 않은 한옥마을 가운데 대표주자 격인 북촌은 주변에 고층 빌딩이 없어서인지 다른 지역에 비해 고즈넉한 분위기를 풍긴다. 물론 그것 때문만은 아닐 것이다. 인식하기는 쉽지 않지만 사대문 안에서 자연지세가 살아 있는 몇 안 되는 지역이 바로 북촌이다.

경복궁과 창덕궁 사이의 야트막한 언덕에 위치한 북촌은 조선시대에 왕실 채소밭이 있던 구릉의 자연지세가 고스란히 남아 있고, 도로 밑에 숨어 있는 자연하천들은 구불구불 동네 사이를 흘러간다. 쭉 뻗은 도로와 반듯한 블록을 기본으로 하는 개발 방식이 일반화된 지금의 서울에서 이런 지형을 만난다는 건 쉬운 일이 아니다.

그런데 북촌에서 경사가 그리 심하지도 않은 고갯길을 평평하게 깎으려는 시도가 있어 논란이 인 적이 있다. 그 대상은 옛 경기고등학교 건물에 들어선 정독도서관과 북촌 아트선재박물관이 만나는 지점에서 계동 방향으로 난 화동 고갯길이다. 외국인 관광객들이 북촌을 돌아볼 때 경사진 고갯길을 불편해할 수

있으니 길을 평탄화하겠다는 것이었다. 자연지세를 큰 고민 없이 바꾸려는 태도도 문제지만 더욱 심각한 점은 정작 그 지역 주민들 가운데 상당수가 평탄화 사업 자체를 사전에 알지 못했다는 것이다.

그러고 보면 자연지세에 대한 무리한 손대기는 또 있었다. 2013년에는 한 건설사가 아파트 단지를 조성하기 위해 종로구 무악동의 '연근바위'를 부숴버린 적이 있다. 연근바위라는 이름은 먹을거리가 부족했던 시절, 주민들이 근처 골짜기를 막아 연못을 만든 뒤 그곳에서 연꽃을 길러 뿌리를 채취해 먹었다는 데서 유래했다. 지역 주민들에게는 가난했던 시절의 추억이 서린 장소로 기억되고 있다.

그랬던 곳이 문화역사 경관에 대한 이해가 부족한 종로구청의 허가로 결국 사라지고 말았다. '서울 명소 600곳' 가운데 하나이자 종로구 스스로 '지역 명소'라고 소개해왔던 곳이라 아연실색할 수밖에 없었다.

어쩌면 북촌을 북촌답게 만드는 것은 화동 고갯길, 무악동을 무악동답게 만드는 것은 비탈의 거대한 바위들일지 모른다. 펴고 부수고 없애는 직선적인 구조가 사라진, 자연친화적이며 아름다운 역사의 곡선이 살아 있는 서울을 만나는 건 정녕 기대하기 힘든 일일까?

복원 논란을 넘기자 이번엔…
부암동 백석동천

한양도성 북쪽 너머에 있는 부암동은 서울에서 자연 경관이 빼어나기로 이름난 곳이다. 그중에 부암동 주택가 뒤쪽으로 가면 아직 개발이 되지 않은 '백석동천' 또는 '백사실'이라 불리는 계곡이 있다. 산천으로 둘러싸인 경치 좋은 곳을 뜻하는 '동천洞天'이라는 말을 쓴 데서 알 수 있듯 지금도 1급수에서만 서식하는 도롱뇽과 버들치, 가재가 잡힐 정도로 물 좋고 공기 좋은 곳이다.

거기에는 자연만 살아 있는 것이 아니다. 백석동천을 찾을 때면 만나는 '白石洞天백석동천' '月巖월암' 같은 바위 각각이 친근하게 느껴진다. 계곡 중간쯤에는 'ㄴ' 자형 사랑채와 'ㅡ' 자형 안채가 있던 한옥 터와 육각 정자의 주초석, 돌계단, 인공 연못 터가 남아 있다. 별서別墅가 있던 곳으로 추정된다. 별서는 자연환경이 뛰어난 곳에 살림집과 정자, 대臺를 함께 구성하는 일종의 교외 별장 같은 공간이다.

다만 이 경치 좋은 계곡의 주인이 누구였는지는 제대로 밝혀진 것이 없었다. 본래 이름보다 '오성과 한음' 이야기의 오성으로 더 잘 알려져 있는 백사 이항복이 살아서 백사실로 불린다는 확인되지 않은 이야기와, 1970년대에 서울시가 발간한《동명연혁고洞名沿革攷》에 나오는 "1830년대에 중건되었다"는 기록, 일제강점기였던 1935년에 찍은 사진 정도만 남아 있을 뿐이었다.

그러다 2012년경 이 별장의 주인이 한때 추사 김정희였다는 사실이 알려졌다. 국립문화재연구소가 옛 문헌을 조사하다가 추사의《완당전집阮堂全集 권9》에서 "옛 사람이 살던 백석정白石亭을 예전에 사들였다"라는 내용과 "나의 북서北墅, 즉 북쪽에 있는 별장에 백석정 옛터가 있다"라는 구절을 발견한 것이다. 추사가 터만 남아 있던 백석정이라는 정자의 부지를 사들인 뒤 새로 정자를 건립했음을 유추해볼 수 있다.

사달이 벌어진 것은 그때였다. 종로구청이 주초석만 남아 있는 육각 정자를 복원하고 그 앞에 있는 연못은 50센티미터 깊이로 판 뒤 방수처리해 물을 가둬두겠다는 계획을 발표한 것이다. 한강에서 퍼올린 물을 인공적으로 흘려보내는 지금의 청계천처럼 땅속에 파이프를 묻어 계곡에서 연못으로 물이 항상 흘러들도록 하겠다거나, 상류에 저수조를 만들어 사시사철 일정량의 물이 흐르게 하겠다는 아이디어도 내보였다.

문화재 복원은 늘 옳은 것일까? 축대만 남아 있을 뿐 고증할 만한 자료가 턱없이 부족한 형편에서 엉뚱한 모습으로 '상상 속

'白石洞天(백석동천)' 각자.

의 복원'을 하면 문화재 복원의 원래 의미만 퇴색시킬 우려가 있다. 최근 부암동이 카페와 레스토랑촌으로 변하고 있는 마당에 무분별한 난개발을 불러올 가능성도 없지 않다.

주민들이 반대하고 환경단체가 힘을 보태면서 일단 종로구청의 계획은 현실화되지 않았지만 안심하기엔 이르다. 돗자리를 깔고 낮잠을 즐기거나 술을 마셔대는 탐방객이 늘어나는 통에 자연환경이 덩달아 훼손되고 있기 때문이다. 복원 논란은 어떻게 넘겼지만 부족한 시민의식이 백석동천을 멍들이고 있다.

〈몽유도원도〉 속을 거닐다

부암동 무계동계곡

부암동 일대를 거닐다 보면 서울에 이런 곳이 있었나 싶을 정도로 살아 있는 자연을 느낄 수 있다. 창의문 같은 운치 있는 조선시대 문화재를 비롯해 깊은 산속에서나 만날 수 있는 계곡이 온전하게 남아 있기 때문이다. 특히 비가 갠 뒤 찾으면 마치 조선시대의 산수화 속에 들어와 있는 듯한 생각마저 든다. 사대문 안팎이 막개발로 황폐해진 지금도 이 정도인데 과연 조선시대에는 어땠을까?

지금부터 560여 년 전 화원 안견이 〈몽유도원도夢遊桃源圖〉를 완성해낼 때 배경으로 삼은 곳이 바로 부암동 남서쪽의 무계동 계곡이었다. 세종의 셋째아들인 안평대군으로부터 자신이 꿈속에서 노닐던 무릉도원의 모습을 그림으로 그려달라는 명을 받고 단 사흘 만에 완성해낸 것이라 하는데, 섬세한 붓놀림과 파격적인 구도 면에서 겸재 정선의 〈인왕제색도仁王霽色圖〉에 필적한다는 평을 받는다. 아마 진초록으로 물든 한여름 무계동 계곡의 환상적인 모습을 보고 그린 건 아닐까 상상해본다.

부암동에서 무계동 계곡 쪽으로 걷다 보면 안평대군이 공부

378
379

무계정사 터에 있는 '武溪洞(무계동)' 각자.

할 때 이용하려 지었다는 무계정사 터가 나온다. 한쪽에 '武溪洞무계동'이라고 새긴 바위가 남아 있어 당시 모습을 어렴풋하게 나마 그려볼 수 있게 한다. 지금은 근처에 '무계원'이라는 한옥 문화공간이 들어서 있다.

그런데 이런 부암동의 고즈넉한 풍광이 저 스스로 유지되어 온 것은 아니다. '청와대 경호'를 구실로 개발이 지연된 탓도 있 지만 주민들의 노력이 큰 몫을 했다. 2009년 종로구청이 무계정 사 터 근처에 1,700여 제곱미터 면적의 공영주차장을 건설하려 했던 적이 있다. 이때 주민들이 "주차장이 부족해 당장은 불편할

부계정사 터 근처에 들어선 한옥 문화공간 '부계원'. 2011년 서울 익선동에 있던 요정 '오 진암' 건물을 헐어다 지었다.

수도 있을 것"이라면서도 "역사적이며 문화적인 면에서 그곳에 주차장을 만드는 것은 안 된다"고 반대하고 나선 것이다.

재개발과 재건축, 그리고 그것을 통한 부의 증대를 신성시하는 한국 사회에서 역사와 문화 경관을 위해 당장의 편리함을 유보하는 태도는 사뭇 신선하게 다가온다. 비록 〈몽유도원도〉 원본은 일본에 있어 직접 보기 힘들지만 대신 부암동을 찾아 실제의 〈몽유도원도〉 속을 걸어보는 것은 어떨까? 안평대군 꿈속의 무릉도원은 그리 멀리 있지 않다.

왜 굳이 그 자리에 그 돈을 들여서…

동대문디자인플라자

지하철 4호선 동대문역사문화공원역에서 내리면 2014년 3월 개장한 '동대문디자인플라자DDP'를 만나게 된다. DDP는 연면적 8만 6000여 제곱미터에 지하 3층, 지상 4층 규모로 마치 거대한 우주선이 내려앉은 듯한 모양새를 하고 있다. 세계 최대의 3차원 비정형 건축물이기도 하다.

애당초 이곳에는 동대문운동장이 있었다. 일제강점기였던 지난 1925년, 훗날 쇼와천황이 되는 히로히토 황태자의 결혼을 기념해 '경성운동장'이란 이름으로 들어선 이후 2000년까지 각종 경기가 열리는 운동장으로서 기능해온 곳이다. 남북 교류의 한 방편이었던 경평축구대회를 비롯해 고교야구대회와 아시아 야구선수권대회, 국제여자농구선수권대회 등 헤아릴 수 없을 정도로 많은 스포츠 경기가 열렸다.

동대문운동장에서 스포츠 경기만 열린 것은 아니다. 해방 뒤 환국한 '대한민국임시정부 요인 환영행사' '정부수립 10주년 광복절 기념식' '재일동포 북송 반대시위' 같은 다양한 행사도 열렸다. 스포츠를 넘어 한국 정치·사회사에서도 살아 있는 현

1925년 일본 히로히토 황태자의 결혼을 기념해 지은 경성운동장.

장이었다.

아쉬운 것은 이런 장소에 초대형 건물을 지으면서 역사적 맥락을 깡그리 무시했다는 점이다. 성화대나 조명탑 등 동대문운동장의 일부 시설을 남겨놓기는 했지만 꿔다놓은 보릿자루마냥 영 어색해 보인다. 새 건물과 아무런 연결고리 없이 그저 '남겨두기'만 했기 때문이다. 그마저도 제대로 남겨놓지 않았다. DDP 건설 도중 드러난 조선시대 군영 중 하나인 하도감下都監 유구는 원래 한양도성 안쪽에서 발굴되었는데 엉뚱하게 도성 바깥쪽으로 옮겨두었다. DDP를 짓느라 옛 유적을 망가뜨린 것이다. 설계자인 자하 하디드가 장소의 역사성과 관련한 질문에 "건축물 자체가 지형이 됐으니 그런 의미에서 독창적이라고 생각한다"라고 답했다니 더 말해 무엇 할까.

사실 동대문디자인플라자는 외부 디자인만 있을 뿐 정작 어떻게 쓸지에 대한 목적이 불분명했고 내부를 채울 콘텐츠도 부족해 개관 직전까지 난관에 빠져 있던 실정이었다. 공사 도중 한양도성의 일부인 이간수문二間水門이 발견돼 처음 설계할 때와 맞먹는 돈을 추가로 들여 설계를 변경하기도 했다. 결국 총 비용으로 4840억 원이 들었는데, 아까운 세금이 이중삼중으로 들어간 결과다. 동대문디자인플라자를 두고 전형적인 졸속행정에 전시행정이라는 비판이 나왔던 이유다.

물론 개관 일 년 만에 824만 명이 방문했다고 하니 목표치인 연간 550만 명을 훌쩍 뛰어넘은 것은 맞다. 그런데 그중 '유료 관객'은 74만 명에 불과했고 그마저도 상당수는 원래부터 인기가 많은 간송미술관 소장품 전시회를 보러온 숫자였다. DDP만의 콘텐츠와 기획력으로 불러 모은 것이 아니었다. 개관 뒤 일년 동안 DDP에서 진행된 이벤트의 절반 이상이 돈을 받고 장소를 빌려준 '대관 행사' 일색이었다. 도대체 왜 그 많은 세금을 투입하고 역사 유산을 파괴하면서까지 DDP를 지어야 했는지 다시 한 번 고개를 갸웃할 수밖에 없는 대목이다.

동대문디자인플라자 건설 과정에서 드러난 하도감 유구(위)와 한양도성 이간수문(아래)..

불과 몇 년 전 디자인을 위해 대학로 인도에 물이 흐르는 실개천을 만들었다가 행인들이 빠지자 결국 유리판을 덮어버린 탁상행정의 폐해를 경험한 적이 있다. 과연 '이미 들어서버린' 동대문디자인플라자는 어떤 미래를 그려갈까. 건축물에 새 생명을 불어넣는 것은 이용자들이라는데 애꿎은 시민들이 괜한 수고(?)를 하게 생겼다.

거리예술 창작센터로 변신한 취수장

옛 구의취수장

한강 한가운데 떠 있는 선유도는 한때 아무나 들어갈 수 없는 금단의 섬이었다. 1978년 서울 서남부 지역에 수돗물을 공급하는 정수장이 들어서면서부터였다. 2000년 정수장이 폐쇄되면서 사계절 내내 시민들이 찾는 공원으로 변신해 돌아왔다. 용도폐기된 정수장이 국내 최초의 친환경 휴식공간 겸 생태학습장으로 탈바꿈하는 순간이었다.

2015년 4월 23일, 비슷한 성격의 공간이 하나 더 생겼다. 강변북로와 워커힐호텔 사이에 위치한 구의취수장이다. 이곳은 일부러 눈여겨보지 않는 한 찾기가 어려워 외딴 섬과 같은 존재였다.

선유도정수장보다 앞선 1976년에 문을 열어 최근까지 운영되어온 구의취수장은 제1, 제2 취수장과 변전소, 사무실과 관사 등 모두 여섯 동의 건축물과 야외 공간으로 구성돼 있다. 전체 부지 면적이 1만 7838제곱미터에 달한다. 근처에 강북취수장이 새로 건설되면서 완공 30여 년 만에 폐쇄되었는데, 아마예전 같았으면 그 자리에 호텔이나 주상복합빌딩을 짓는 식으

2013년 9월 열린 구의취수장 오픈스튜디오. 음악당 달다의 '랄랄라쇼'(위)와 창작그룹 노니의 'The TEMPest 2014 듣고 있니?'(아래).

로 개발되었을 것이다.

구의취수장은 선유도 같은 시민공원과는 조금 다른 방식의 운명을 부여받았다. 거리예술가들의 창작공간 겸 그들이 상주해 창작활동을 하는 레지던스 역할이다. 건물 지하에서부터 지상까지 높이가 약 18미터에 달하는 널찍한 공간적 특성과 인적이 드물다는 입지 조건이 그런 아이디어를 현실화시킬 수 있게 했다.

보존보다는 부수고 새로 짓는 것을 선호하는 한국 사회 특유의 분위기 속에서 개발 압력을 이겨내기란 쉬운 일이 아니었을 것이다. 구의취수장이 근현대 산업유산에 등재되어 있는 공공시설물이어서 철거를 피해 이런 사업이 가능했다고 생각하기 쉽다. 그러나 공원으로 조성될 예정인 용산 미군기지 터의 경우에는 공원 조성 비용을 마련하기 위해서라도 일부를 개발해야 하지 않느냐는 주장들이 벌써부터 나오고 있는 게 엄연한 현실이다. 구의취수장을 거리예술 창작센터로 활용하기로 한 아이디어와 그것을 현실화시키기 위해 애쓴 이들의 노력에 박수를 보내는 이유다.

'서울 유일' 석유비축기지의 미래

매봉산

얼마 전 성산동에 다녀왔다. 월드컵경기장 북서쪽에 있는 매봉산에 오르기 위해서다. 등산이 목적은 아니었고, 모두 다섯 개에 이르는 대형 석유탱크가 줄지어 들어서 있는 '마포 석유비축기지'를 답사하는 것이 목적이었다.

마포 석유비축기지가 건설된 것은 1979년의 일이다. 앞서 두 차례의 석유파동을 겪으며 정부로서는 석유를 미리 저장해두어야겠다는 자각과 함께 또다시 있을지 모를 제2의 한국전쟁과 같은 유사시에 대비할 필요가 있었다. 얼마나 위장을 잘 해두었는지 석유비축기지 코앞에 다가갈 때까지 저 위에 석유탱크가 있을 거라곤 전혀 알아차릴 수 없을 정도였다.

탱크 한 기의 높이가 보통 4~5층 빌딩 높이에 해당하는 15미터에 달했지만 전혀 눈에 띠지 않았다. 그만큼의 땅을 판 뒤 그 속에 묻는 방식으로 건설했기 때문이다. 또 지형상 조금이라도 노출될 만한 부분이 있으면 옹벽을 둘러치고 나무를 심어 눈에 띠지 않게 했고, 그 주변에 다시 철조망을 설치해 사람들의 접근을 아예 차단해버렸다.

마포 석유비축기지 탱크 내부.

마포 석유비축기지에 저장해뒀던 기름의 양은 약 131만 배럴. 당시 서울의 하루 석유 사용량에 해당하는 양이자 승용차 410만 대를 한꺼번에 주유할 수 있는 양이었다.

하지만 '2002한일월드컵'이 열리기 2년 전인 2000년, '서울 유일'의 마포 석유비축기지는 비축해뒀던 기름을 경기도 용인으로 옮긴 뒤 21년 만에 그 역할을 내려놓았다. 500미터 떨어진 곳에 최대 6만 6906명의 관중을 수용할 수 있는 상암월드컵경기장이 들어서면서 폭발이나 화재와 같은 혹시 모를 대형 사고의 가능성을 원천적으로 없애야 했기 때문이다.

그로부터 10여 년이 흐른 지금, 옛 마포 석유비축기지의 새로운 미래를 향한 발걸음이 시작됐다. 특이한 것은 이 시설의 활용 방안을 두고 시민들로부터 아이디어를 모았다는 점이다. 예전 같았으면 철거를 하든 재활용을 하든 관청에서 알아서 정했을 것이다. 그러나 이제는 시민들의 의견을 물어 존폐와 활용 방안을 찾는 시대가 되었다.

버려졌던 '쓰레기 산'이 하늘공원과 노을공원이라는 '자연재생의 공간'으로 탈바꿈한 현장 바로 옆에 자리한 마포 석유비축기지. 고도성장기의 산업 유물이자 분단 현실의 증거인 이곳은 앞으로 어떤 운명을 부여받을까? 그 미래는 시민들의 관심과 참여에 달려 있는 듯하다.

'찾아가는 시민발언대'의 이면

서울시민청

새 서울시청사 지하 1~2층에 자리한 서울시민청에서는 이따금 이색적인 광경이 펼쳐진다. 사람들이 연단에 올라가 10분 동안 자신이 하고 싶은 말을 하는 것이다. 연인에게 사랑을 고백하는 이에서부터 어머니에게 못다한 고마움을 표하는 사람, 학교 선생님에게 그동안 아쉬웠던 점을 쏟아내는 학생까지 연령도 내용도 다양하다.

개중에는 뉴타운사업 진행이 중단되면서 겪는 경제적 곤경을 하소연하거나 통학로에 불법주차한 차들이 많아 불편하다는 등 사회적인 내용을 이야기하는 사람들도 있다. 서울시가 2012년 1월부터 청계광장에서 '할 말 있어요'라는 이름의 자유발언대 사업을 시작한 이래 이듬해 1월부터 새 서울시청사 지하에 있는 시민청으로 옮겨 계속하고 있는 일명 '찾아가는 시민발언대' 풍경이다.

언뜻 보면 누구나 자신의 이야기를 자유롭게 발언할 수 있는 영국 런던 하이드파크의 '스피커스 코너Speaker's Corner'와 비슷한 모습이다. 실제로 타인에 대한 비방이나 욕설, 정치적인 발언을

서울광장에서 열린 시민발언대 풍경.

제외하면 그 어떤 주제라도 말할 수 있다. 특히 시정과 관련한 의견들이 많은데, 그 의견들은 담당 부서로 전달한다고 한다.

물론 사람들의 생각이 같을 수는 없는 일이니 제안이나 주장을 모두 시정에 반영할 수는 없을 것이다. 여기서 중요한 점은 시민들의 의견을 최대한 경청하기 위한 자세를 보이고 있다는 것이다. 청와대 안팎의 신문고들처럼 대놓고 '전시용'이라 써 붙여두거나 아예 담장 안에 가둬놓아 치려야 칠 수 없는 경우와는 사뭇 다른 모양새다.

시민발언대를 둘러싸고 벌어지는 풍경은 그동안 한국 공공

"이 북은 '전시용'입니다. 두드리거나 울릴 수 없습니다"라는 경고문이 걸려 있는 청와대 앞 신문고.

기관의 의견 수렴 구조가 얼마나 막혀 있었는지, 그리고 '사회의 감시견'인 언론이 얼마나 제 역할을 못하고 있는지를 보여주는 증거이기도 할 것이다. 서울시민청을 비롯해 서울 시내 곳곳에서 열리고 있는 '찾아가는 시민발언대' 이면에는 언로가 막힌 한국 사회의 현실이 숨어 있다.

한옥 게스트하우스의 미래

북촌

얼마 전 외국에서 친구들이 찾아와 숙소 예약을 도와준 적이 있다. 그들이 머물고 싶어 한 곳은 호텔이 아닌 북촌에 있는 한옥 게스트하우스였다. 1930년대 말 지어진 한옥을 임대해 개보수한 뒤 게스트하우스로 운영하고 있는 곳이었다. 본채에는 안방을 비롯해 방 두 개와 마루, 부엌이 있고, 대문간에 사랑채가 딸려 있는 자그마한 도시형 한옥이었다. 한 번에 7명 정도 숙박할 수 있는 소박한 규모였는데, 사실 이 집을 예약하기가 쉽지만은 않았다. 최근 한국을 찾는 외국인들 가운데 한옥 게스트하우스를 선호하는 이들이 많아지면서 빈방 구하기가 하늘의 별 따기가 되어서다.

외국인들이 한옥 게스트하우스에 묵고 싶어 하는 가장 큰 이유는 영화나 드라마에서 봤던 한국의 전통 주택과 가정 문화를 체험해보고 싶어서라고 한다. 그래서인지 예약한 한옥 게스트하우스에서는 단순히 잠잘 곳만 빌려주는 것이 아니라 한국식 생활을 체험할 수 있는 다양한 프로그램까지 운영하고 있었다. 집주인과 함께 밥상에 둘러앉아 식사를 하는 것도 그런 프로그램 중 하나다. 한식을 맛볼 수 있을 뿐 아니라 음식을 함께 나눠 먹는 독특한 한국식 식사 문화도 경험해볼 수 있어 인기였다.

운영자는 조만간 한옥 한 채를 더 빌려 규모를 키울 계획이라고 말했다. 그런데 걱정되는 것도 하나둘이 아니라고 했다. 먼저 임대료가 너무 많이 올랐다는 것이다. 대지를 포함해 60제곱미터 면적의 한옥의 경우 위치나 상태에 따라 차이는 있지만 보증금만 최소 1~3억 원에 월 임대료가 100만 원이 넘는다고 한다. 호가가 최소 6억 원에서 십 수억 원, 넓은 것은 수십억 원에 달해 실제 매매 거래도 거의 없는 편이라고 덧붙였다.

안전 문제 또한 고민거리였다. 적잖은 한옥 게스트하우스들이 소방차가 들어오기 힘든 좁은 골목 안에 위치한 데다, 불이 나면 걷잡을 수 없을 정도로 번질 수 있는 목조건물의 특성상 스프링클러 시설을 완비해도, 또 아무리 많은 소화기를 비치해놓아도 마음을 놓기가 쉽지 않은 것이다.

저렴한 호텔은 별로 없고 묘한 분위기의 모텔만 많았던 한국에서 본격적으로 한옥 게스트하우스 사업이 시작된 지 10년 정도 흘렀다. 과연 한옥 게스트하우스는 명실상부한 대안으로 자리매김할 수 있을까? '한류'나 거창한 '국격'을 논하기에 앞서 한국 문화를 알릴 수 있는 소소한 수단들을 확보하고 그 질을 담보하는 일에 정책적인 지원과 지혜가 절실해 보인다.

소방차가 진입하기 힘든 한옥 게스트하우스 골목.

'조선철도호텔' 이후 100년

웨스틴조선호텔

　　　　　　지금은 사라진 인천 제물포의 대
불호텔을 시작으로 한국에서 근대적인 호텔업이 시작된 이래
개업 100주년을 맞은 호텔이 있다. 소공동 웨스틴조선호텔이다.

　이 호텔의 처음 이름은 '조선철도호텔'로 일제강점기였던
1914년 문을 열었다. 일제가 조선을 지배하기 시작한 지 5년이
된 것을 기념하기 위해 이른바 '시정始政 5년 기념 조선물산공진
회'를 열면서 귀빈들의 숙박을 위해 지은 것이다.

　주목해야 할 것은 조선총독부 철도국이 주관이 되어 지은 데
다 당시 철도는 정시 운행과 기계 동력을 기반으로 하는 근대성
의 상징과도 같았기에 호텔 이름에 굳이 '철도'라는 말을 넣은
대목이다. 조선인에게 조선은 낡고 후진적인 데 반해 일본은 근
대화된 국가라는 인식을 갖게 하고, 일본 덕에 조선의 근대성이
배가되고 있다는 정치 선전을 하려는 의도가 깔려 있었다.

　용도와 이름이 바뀐 건 해방 뒤였다. 미군정청은 조선철도호
텔에 사령부를 설치했고, 이후에는 미국에서 돌아온 이승만이
집무실을 두었다. 그리고 정부 수립 이후에는 배일정책의 일환

일제는 조선철도호텔을 지으며 환구단을 철저하게 파괴했다.

으로 호텔 이름을 '조선호텔'로 바꾸었다. 1958년 8월 화재가
난 이후 1970년 들어서는 20층 규모의 현대식 호텔로 재탄생
했고, 1981년 미국의 웨스틴호텔즈와 제휴하면서 '웨스틴조선
호텔'이라는 지금의 이름을 얻었다.

  이런 길고도 파란만장한 역사를 보유한 웨스틴조선호텔이
2013년 7월 '더 메모리 오브 1914'라는 이름의 행사를 열었
다. 1914년 10월 10일 개업한 것을 기념해 '100년 전으로 가는
100일간의 미각여행' 같은 다채로운 100주년 기념행사들이 연
이어 열렸다.

그 행사들을 지켜보며 한편으로는 이 땅의 역사가 참으로 애처롭다는 생각이 들었다. 웨스틴조선호텔 레스토랑에서 내다보이는 정원이 평범한 호텔 정원이 아니라 조선이 황제국이 되었음을 선포한, 즉 고종이 황제 즉위식을 위해 만든 환구단 터였기 때문이다. 비록 반향 없는 일방적 외침에 불과하긴 했지만….

일제는 조선철도호텔을 만들며 조선 그리고 대한제국의 권위를 무너뜨리기 위해 극히 소수의 건물만 남긴 채 환구단 시설을 거의 헐어버렸다. 그나마 남은 것이 황궁우와 석고(돌북) 정도인데, 웨스틴조선호텔은 그 공간을 그저 정원 정도로만 이용하고 있는 듯하다. 개업 100년이라는, 국내에서 현존하는 가장 오랜 호텔의 역사를 맛으로 기억하는 것을 넘어 그 안에 서려 있는 더 깊은 역사에 대한 진지한 성찰을 기대한 것은 아무래도 무리가 아니었나 싶다.

역사의 옷을 입은 백화점

신세계백화점 본점

어느 백화점에 가든 일관된 특징을 발견할 수 있다. 실내에 시계와 창문이 없다는 것이다. 쇼핑객들, 특히 주부들이 시간 흐름에 신경 쓰지 않고 쇼핑에만 집중할 수 있게 하려는 심리적인 전략의 하나다. 창문이 있는(!) 오래된 건물에 입주했던 초창기 백화점들이 옛 건물을 헐고 새로 짓는 경우가 많았던 데는 이런 이유도 있었을 것이다.

이 땅에 들어선 최초의 백화점은 1906년 지금의 명동 사보이 호텔 자리에 있던 '미쓰코시 오복점'이었지만 현재 건물은 남아 있지 않다. 현존하는 백화점 건물 가운데 가장 오래된 것은 1930년 10월 말에 문을 연 '미쓰코시백화점 경성점' 건물이다. 7,300여 제곱미터 면적에 지하 1층, 지상 4층 규모였고 개장 당시 종업원 수는 360여 명에 달했다. 해방 뒤 미군 피엑스를 거쳐 한국전쟁 이후 1955년부터 1963년까지는 동화백화점으로 이용됐는데, TBC 즉 동양텔레비전방송이 이 건물에서 개국하기도 했다. 현재 신세계백화점 본점이 입주해 있는 바로 그 건물이다.

신세계백화점 본점 내부.

하지만 이 건물 역시 2000년대 들어 헐릴 위기에 처한 적이 있다. 쇼핑객이 나날이 늘어나는 상황에서 실내는 좁은 반면 중앙 계단은 너무 넓고 창문이 많다는 걸 빌미 삼아 옛 건물을 헐고 새 건물을 지으려 했던 것이다.

다행히 건축사학자들과 신세계백화점 측의 지난한 협의 결과 신축보다는 본래의 모습을 최대한 유지하는 선에서 리모델링을 하기로 결론이 났다. 건물 외벽의 질감을 초창기와 비슷하게 유지했고 중앙 계단이나 발코니 난간, 기둥머리 장식 등의 원형을 살리기로 했다. 서울역이나 신촌역은 보존을 하기는 했지만 새 건물에 짓눌린 모양새라 마치 버려진 듯한 느낌을 주고, 옛 대법원을 리모델링한 서울시립미술관은 건물의 앞면만 남기고 새로 지은 데 반해, 신세계백화점 본점은 옛 모습을 최대한 간직하면서도 쓰임새에 걸맞은 건물로 재탄생한 것이다.

일반적인 재건축에 비해 세 배 이상의 비용과 6개월의 공사 기간이 더 필요했다고 하지만 잘못된 결정이 아니었다. 고전적이며 고급스러운 모습 때문에 도리어 VIP 고객이 늘었고, 그들의 1인당 쇼핑 금액도 가장 많은 축에 속하는 백화점으로 거듭났기 때문이다. 역사의 옷을 입은 백화점이 도리어 효자가 된 셈이다.

국내 첫 고가차도여, 안녕!

아현고가도로

우리가 살아가는 도시는 곳곳에 다양한 역사의 흔적을 안고 있다. 그중 근현대에 지어진 건물이나 시설물의 경우에는 겉보기가 수수해 그냥 지나치기 쉽지만 의미가 결코 작지 않은 것들이 있다. 지하철 2호선 아현역 근처에 있던 아현고가도로가 그런 경우다.

아현고가도로가 세워진 것은 경제개발이 한창이던 1968년이었다. 서울시청과 신촌 사이의 교통량이 급격히 증가하자 길이 939미터, 폭 15미터 규모로 '하늘 길'을 놓았다. 국내 첫 고가차도였다. 3년 뒤 그 유명한 청계고가가 개통되기 전까지 국내 최장의 길이를 자랑하기도 했다.

아현고가도로가 완공되자 한 일간지에서는 "거추장스런 땅 위를 피해 높다란 공간을 짚어 터놓은 길" "고가도로가 지상도로에 도전장을 낸 것"이라는 표현까지 사용하면서 도로 건설사 측면에서 새로운 의미를 부여하기도 했다.

그런 아현고가도로가 2014년 3월 철거되었다. 떡전고가차도를 시작으로 지금까지 15개의 고가차도가 사라졌는데 아현

아현고가도로 철거 전(위)과 후(아래).

고가도로도 대세를 거스를 수 없었다. 개통 45년 5개월 만의 일이었다. 또 그해 7월에는 약수고가도로가, 12월에는 서대문고가도로가 철거되었다. 지난 수십 년 동안 자동차 위주로 짜여온 한국의 도로체계가 2000년대 들어 보행자 위주로 재편되면서 나타나는 변화다. 버스와 같은 대중교통 시스템이 더 편리해지면서 그런 변화를 가속화한 듯하다. 그 덕에 아현고가도로가 막고 있어 연결되지 못했던 버스전용차로도 이어졌다.

급팽창해온 서울 도시사의 증거이자 1968년 이래 시민들의 발이 되어온 고마운 아현고가도로…. 근대화와 산업화의 기억을 간직하고 있는 유산으로서 지난 반세기 동안 나날이 성장하는 한국을 지켜봤던 국내 첫 고가차도여, 안녕!

남겨둔 청계고가 교각의 의미

청계천

지하철 2호선 용두역 근처를 건다 보면 청계천 한복판에 거대한 콘크리트 기둥들이 서 있는 것을 보게 된다. 지금은 철거돼 사라진 청계고가 교각들이다. 모두 세 개로, 제각기 철거된 정도가 다른 모습을 하고 있다. 2000년대 초 청계천 복원사업을 하면서 청계고가의 흔적을 모두 없애버린 것이 아니었다.

청계천 복개가 시작된 것은 일제강점기 때였다. 1937년부터 1942년까지 광화문우체국 앞 대광통교 근처에서부터 영풍문고가 있는 광통교 인근까지가 처음으로 복개됐다. 이어 이승만 정권 때는 홍인지문 옆의 오간수교 언저리까지 복개가 진행되었다.

그렇게 복개되기 시작한 청계천이 도로 밑으로 완전히 잠긴 것은 박정희 정권 들어서였다. 1965년 약 8킬로미터에 이르는 구간을 마저 복개함으로써 최대 너비 84미터에 이르는 청계천은 사대문 안에서 영영 볼 수 없게 파묻혔다. 그리고 그 위에 청계고가를 놓았다.

청계 8가와 9가 사이 청계천 위에 남겨놓은 청계고가 교각 세 개.

지금은 철거되어 사라진 청계고가도로.

처음에는 청계천 복개도로와 그 위에 놓은 청계고가로 인해 도심 교통이 월활해졌다는 찬사를 받았다. 그러나 시간이 흐르면서 오히려 도시 미관을 해치는 흉물이라는 지적과 함께 부실 시공을 한 나머지 건설비보다 유지관리비가 훨씬 많이 들어가는 애물단지라는 비판을 받았다. 급기야 청계고가와 복개도로를 철거해야 한다는 주장까지 고개를 들기 시작했다.

실제로 2003년 이명박 서울시장 취임과 동시에 청계천 복원사업이 추진되었다. 그러면서 자연히 청계고가도 철거될 수밖에 없는 상황에 놓이게 되었다. 하지만 무조건 없애버리는 것도 옳지 않다는 주장이 제기됐다. 좋든 싫든 개발 시대를 보여주는 주요 상징물이기에 그 흔적을 일부나마 남겨야 한다는 얘기였다.

서울에는, 나아가 한국에는 재개발이나 복원이라는 미명 아래 헐려나간 역사 현장들이 부지기수다. 그러나 역사를 책이나 사진을 통해서만 배울 수는 없는 노릇이다. 지금은 비록 그 가치가 커 보이지 않겠지만 앞으로 청계고가의 세 교각은 도시 개발에 앞서 고민해야 할 지점에 대한 살아 있는 지침서 역할을 할 수 있을 것이다.

튼튼해서 혁신적이었던 아파트

회현 제2시범아파트

현재 한국에서 가장 대표적인 주거 형태는 누가 뭐라 해도 아파트일 것이다. 1960년대 말부터 폭발적인 인기를 누리기 시작한 아파트의 역사는 이미 일제강점기 때 시작되었다. 지금의 내자동과 충정로에 들어선 미쿠니아파트와 도요타아파트가 효시다. 그 뒤 한국인의 손으로 세운 첫 아파트는 1958년 4~5층짜리 종암아파트 세 개 동이었다.

1960년대 초까지만 해도 아파트는 꽤 생소한 생활공간이었다. 집 위에 또 집이 있는 구조가 사람들에게 익숙하지 않았고, '시아버지와 며느리의 볼기짝'이 번갈아 닿을 수밖에 없는 양변기를 공유해야 하는, 전에 없이 '불경스러운 집'이었기 때문이다. 최초의 단지형 아파트인 마포아파트가 고작 10분의 1 정도만 분양에 성공했던 까닭이다.

사정이 조금씩 바뀌기 시작한 것은 '불도저 시장'이라 불린 김현옥 서울시장이 대량의 '시민아파트'를 짓기 시작하면서부터였다. 급증하는 서울 인구를 소화하기 위해 산비탈마다 아파트를 지어 보급했는데, 속도전에 치우진 나머지 질이 형편없었

회현 제2시범아파트는 구름다리를 설치해 남산 중턱에서도 곧바로 출입이 가능하도록 했다.

던 것은 한계였다. 결국 1970년 신촌로터리 근처 와우산 중턱에 있던 와우아파트가 풀썩 주저앉아 수십 명의 사상자를 내면서 시민아파트 건설사업은 중단되고 말았다.

와우아파트가 무너지던 해에 남산 북서쪽 사면에 들어선 '회현 제2시범아파트'는 시민아파트가 아니라 명실공히 '시범'아파트였다. 김 시장이 "앞으로는 이 아파트를 본받아 튼튼히 지으라"며 특별히 관심을 기울인 탓이다. 내부 시설도 획기적이었다. 중앙집중난방을 택해 사시사철 뜨거운 물이 콸콸 쏟아졌으며 집집마다 화장실도 갖췄다. 연탄을 때며 층마다 공동화장실을 두었던 기존 아파트와는 사뭇 차이가 있었다. 그중에서도 당시 가장 큰 혁신은 '튼튼하다'는 것이었다.

지금의 남산 서울애니메이션센터 자리에 KBS가 있어서 한때는 은방울자매나 윤수일, 문호장 같은 연예인들이 많이 살았다고 한다. 적절한 보상이나 이주 대책이 세워지지 않아 아직까지 주민들이 살고는 있지만 이 아파트도 머지않아 영영 사라질 예정이다. 2006년 안전검사에서 위험 등급 판정을 받았기 때문이다. 요즘에는 그저 행복의 잣대나 재산 증식 수단으로 아파트가 인식되고 있는 듯하다. 그러나 회현 제2시범아파트만은 한국의 오래지 않은 과거까지 오롯이 기억하고 있다.

인권 감수성을 가늠하는 잣대

서울유스호스텔

전 세계 어디를 가도 서울의 남산처럼 도시 중앙에 산을 두고 있는 수도는 극히 드물다. 애당초 남쪽 경계였던 것이 도시 확장과 함께 한가운데 위치하게 된 것이다. 서울 시내를 한눈에 내려다볼 수 있는 전망대가 있고, 산책이나 조깅을 하기에 맞춤한 둘레길도 있어서 요즘의 남산은 낭만적이고 평화로운 모습으로 기억된다. 하지만 그 과정에서 생겨난 '남산의 스토리들'은 생각만큼 잘 알려져 있지 않다.

사실 남산은 한국 역사를 통틀어 가장 참혹했던 인권유린의 현장 가운데 한 곳이다. 1995년까지만 해도 살점이 뜯겨나갈 정도로 고문이 심했던지라 '고기 육(肉)' 자를 써서 '육국(肉局)'으로까지 불린 안기부, 즉 국가안전기획부가 있던 곳이 바로 남산이다.

2006년 문을 연 서울유스호스텔을 비롯해 TBS교통방송, 문학의 집 서울, 서울소방재난본부 등 서울애니메이션센터 뒤쪽에 있는 건물 대부분은 안기부 사무동과 안기부장 관사, 취조실, 유치장으로 사용된 건물이었다. 서울종합방재센터 재난종합상황실로 쓰이고 있는 지하 벙커에서는 모진 고문과 감금이

현재 서울유스호스텔과 서울시청 남산별관 등으로 이용되고 있는 옛 안기부청사.

이뤄졌으며, 안쪽에 자리 잡은 서울시청 남산별관은 유독 악랄한 고문이 자행됐던 곳이다.

물론 오랜 세월이 지난 지금은 음습하고 공포스러운 취조실의 흔적을 찾아볼 길이 없다. 하지만 그것을 꼭 바람직한 변화라고 할 수 있을까?

안기부 본관을 서울유스호스텔로 사용하기로 결정하기 직전, 그 역사성을 고려해 인권기념관이나 민주화운동기념관으로 만들자는 제안이 잇따랐지만 실현되지 못했다. 한국 현대사의 두 가지 위대함, 즉 '산업화'와 '민주화'를 동시에 이룩해냈다는 자부심 가운데 산업화의 역사를 보여주는 기념관이나 역사 유산들은 여럿 존재한다. 반면 오랜 군사독재를 극복하기 위해 투쟁해온 민주화운동 관련 기념시설은 여전히 변변치 않은 실정이다.

남산은 단순한 산이 아니다. 영욕이 점철된 이 땅의 현대사를 서울 한복판에서 증언해주고 있는 거대한 '현장 박물관'과도 같다. 그런 면에서 서울유스호스텔로 쓰이는 옛 안기부 본관을 인권기념관이나 민주화운동기념관으로 만들자는 제안이 다시 나오고 있는 것은 반가운 일이다. 서슬 퍼렇던 남산이 인권의 보루로 탈바꿈할 수 있을지 여부는 곧 한국인들의 인권 감수성을 가늠하는 잣대가 될 것이다.

사진 및 기사 출처

• 아래 사진을 제외한 거의 모든 사진은 지은이 권기봉이 찍었습니다.

62쪽 〈매일신보〉
78쪽 국가기록원(오른쪽)
82쪽 한국영상자료원
84쪽 한국영상자료원
86쪽 한국영상자료원
106쪽 〈연합뉴스〉
110쪽 국가기록원
112쪽 국가기록원
116~117쪽 문화유산국민신탁
122쪽 《일본의 조선日本之朝鮮》(有楽社, 1911)(위)
123쪽 《경기지방의 명승사적京畿地方の名勝史蹟》(京畿道, 1937)(위)
144쪽 국가기록원
152쪽 국가기록원
164쪽 서울역사박물관
166쪽 서울역사박물관
168쪽 한성백제박물관
200쪽 국가기록원
266~267쪽 LIFE
282쪽 넝마공동체
288쪽 구세군 박물관(왼쪽)
310쪽 이윤엽
324쪽 황연대성취상위원회
340쪽 '합천 평화의 집' 서울사무국
356쪽 국가기록원
364쪽 〈동아일보〉
372쪽 〈뉴시스〉
384쪽 서울역사박물관
390쪽 서울문화재단
398쪽 서울시

권기봉의 도시산책

1판 1쇄 펴냄 2015년 5월 1일
1판 3쇄 펴냄 2022년 12월 20일

지은이 권기봉
펴낸이 안지미

펴낸곳 (주)알마
출판등록 2006년 6월 22일 제2013-000266호
주소 04056 서울시 마포구 신촌로4길 5-13, 3층
전화 02.324.3800 판매 02.324.7863 편집
전송 02.324.1144

전자우편 alma@almabook.com / alma@almabook.by-works.com
페이스북 /almabooks
트위터 @alma_books
인스타그램 @alma_books

ISBN 979-11-85430-55-3 03910

알마는 아이쿱생협과 더불어 협동조합의 가치를 실천하는 출판사입니다.